"따르르르릉!
약속하신 삶을 시작할 때입니다!"

모닝콜

ⓒ 곽세라 2008

초판 인쇄 2008년 12월 5일
초판 발행 2008년 12월 12일

지은이 곽세라 | **사진·일러스트** 송민재
펴낸이 김정순 | **책임편집** 김경태
디자인 김리영 | **마케팅** 최정식 정상희 이숙재

펴낸곳 (주)북하우스
출판등록 1997년 9월 23일 제 406-2003-055호

주소 121-840 서울 마포구 서교동 395-4 선진빌딩 6층
전화 (02)3144-3123 | **팩스** (02)3144-3121
전자우편 editor@bookhouse.co.kr
홈페이지 www.bookhouse.co.kr
공식카페 http://cafe.naver.com/29woman

ISBN 978-89-5605-308-0 03810

이 도서의 국립중앙도서관 출판시도서목록(CIP)은 e-CIP홈페이지(http://www.nl.go.kr/ecip)에서 이용하실 수 있습니다. (CIP제어번호 : CIP 2008003383)

곽세라 지음

북하우스

8   PROLOGUE

30   지금, 지금, 지금이 아니면
다시는 버드나무 피리를 불지 못하리.

42   아무리 나이가 들고, 통제당하고, 꿈꾸지 않으려고 애써도
타오르는 꿈의 불길은 무뎌지지 않을 것이다.

54   당신 안에 당신이 모르는 영웅이 있다. 당신이 알고 있다면
태초부터 그것을 알고 있었다면 빨리 그렇다고 말하라.

72   신의 꿈이 무엇이든, 인간이 협조하지 않으면
그 꿈은 실현될 수 없다.

88   자신의 모습이 스크린 가득 영사되는 광경을 꿈꾸지 않고
배우가 된 사람은 없다.

102   직관이 우리를 이끌게 하고 직감이 이끄는 대로
두려움 없이 따라가야 한다.

110 우리에겐 행복한 게으름이나 빈둥거림,
꾸물거림 등이 필요하다.

126 행복의 냄새를 알아차리고 환희의 길에
계속 코를 박고 있어야 한다.

138 그 길은 확실히 있다.
다만 사람들이 그 길을 선택하지 않을 뿐이다.

148 가능성으로, 출구로 제시되는 것을 향해 홀가분하게
일어서서 나가라, 모든 것은 놀랍도록 쉽다.

158 모든 풀잎은 고개를 숙여 귀에 대고
'자라라, 자라라' 속삭이는 천사를 갖고 있다.

168 천국의 모닝콜 계약서

170 EPILOGUE

174 세라의 말

우리는 당신이 이름 없는 작은 씨앗일 때부터 알고 있었답니다.

그래서 흔들어 깨우고 응원하는 거지요.

아직 당신과 우리만이 알고 있는,

언젠가 세상을 깜짝 놀라게 할 그 꽃을 어서 피워내라고.

PROLOGUE

 옅은 계피향 머리카락을 카푸치노 거품처럼 머리에 얹고 있는, 이 청년의 이름은 콜입니다. 천사이지요. 그는 늘 나른한 파자마 차림입니다. 라임색과 크림색 줄무늬가 있는 이 파자마는 '모닝콜' 담당 천사들의 유니폼이기도 하지요. 반쯤 감긴 눈꺼풀과 느릿느릿 춤추듯이 움직이는 모습 때문에 가끔씩 졸고 있는 것처럼 보이기도 하지만, 사실 콜은 무척 바쁘답니다. 호텔의 프런트 직원처럼, 지구에 투숙하고 있는 사람들을 그들이 부탁한 시간에 어김없이 깨워줘야 하거든요. 물론 당신도요.

 당신은 콜의 얼굴이 기억나지 않겠지요. 하지만 분명히 그 목소리는 들으신 기억이 있을 겁니다. 당신과 어느 새벽 통화했던, 귀에 설지만 가슴 설레게 하는 그 목소리 말입니다. 이런, 아직 그의 전화를 받지 못하셨다구요? 그럼 곧 받게 되실 거예요.

아, 마침 콜이 수화기를 집어드네요.

당신들 중 또 한 사람과의 약속을 지키기 위해서 말입니다.

당신이 도대체 뭘 약속했는지 아직 기억이 나지 않나요?

기억을 돕기 위해 이곳에서 어떤 일이 일어나는지 차근차근 설명해드리는 것이 좋겠군요.

고요한 양배추 밭에서 황새가 아기를 물어다 준다고 믿고 있었다면 깜짝 놀랄 수도 있겠네요. 태어나기 전의 세상이 이토록 시끌벅적하고 북새통이라는 것을 알면요. 사람의 삶이란 게 사실, 어지간히 손이 많이 가는 이벤트라야 말이지요.

혹시 연극이나 오페라 무대 뒤에 가보신 적이 있나요? 혼을 쏙 빼놓을 만큼 야단스럽지 않던가요? 줄줄이 걸린 의상들은 말할 것도 없고, 펄럭펄럭 날아다니는 대본들, 번쩍번쩍하는 무대 장치들과 조명들, 가면들과 분장 도구들, 그리고 한편에서는 그것들을 들고 이리 뛰고 저리 뛰는 조명감독들과 분장사들, 소리를 질러대는 디자이너들과 배우들…… 그 모두가 한데 엉켜, 말 그대로 온통 난리법석을 떨고 나서야 한 회의 공연이 무사히 끝나지요.

 삶이 따분하고 지루하다고 말하는 걸 당장 그만 두시는 게 좋아요. 당신의 삶도 천국의 무대 뒤에서 이런 대소동을 한바탕 치르고서 야심차게 무대에 올린 작품이랍니다.

 그 작품을 담당하는 스태프들은 우리 천사들이지요. 우리는 '당신의 일생'이라는 작품을 위해 여러 파트로 나뉘어 일을 합니다. 우선 시나리오 담당 천사가 있습니다. 노련한 작가인 그 천사는 사람들의 삶의 큰 줄거리를 잡아주는 역할을 담당하지요. 시나리오 천사의 역할은 가장 경험이 풍부하고 사려 깊은 원로 천사들이 맡게 됩니다.

 당신이 태어나기로 결정된 뒤, 가장 먼저 만나게 되는 천사가 바로 시나리오 천사입니다. 그는 당신에게서 이번 삶에서 이루고 싶은 꿈 이야기를 듣습니다. 누구든 가슴 뛰는 이유를 가지고 이 땅에 태어나는 것이니까요. 참, 이 단계의 당신은 아직 '하나의 꿈'일 뿐입니다. 몸도, 성격도 갖고 있지 않아요. 사람은 몸보다 꿈이 먼저 태어납니다.

갓 태어난 꿈은 아기처럼 밝고 천진해서 좌절을 모르지요. 그 이야기를 듣고 있노라면 천사들조차도 들떠서 둥실 떠오르기도 하고 뭉클해서 눈물을 흘리기도 한답니다. 그 꿈을 이루기에 가장 적합한 삶의 스토리는 무엇일까, 세상 모든 삶의 이야기들을 알고 있는 시나리오 담당 천사가 당신에게 마음에 들 법한 스토리들을 이것저것 추천해줄 겁니다. 가령 어린이를 사랑하는 한 영혼이 세상의 어린 친구들을 위해 봉사하는 삶을 살고 싶어 한다고 해봅시다. 시나리오 천사는 여러 권의 대본을 들고 와 말하겠지요.

"흠…… 전쟁지역 어린이들을 보호하는 단체에서 일하는 것은 어떨까요? 아니면 세계 모든 어린이들을 즐겁게 해줄 수 있는 만화영화 감독은요? 어린이들이 편안하게 뛰놀 수 있는 친환경 놀이터를 디자인하는 것도 의미 있는 일일 것 같은데……."

이쯤에서 힐끗 당신의 눈치를 본 뒤 이런 의견도 내놓을 겁니다.

"아니면 가장 평범하지만 가장 근사한 역할, 엄마는 어때요? 최근에 가장 행복한 엄마로 살았던 파올리나의 대본을 보여드릴까요? 당신은 그녀처럼 일곱 명의 아이들을 가질 수도 있고, 더 많은 아이들을 입양하는 기쁨을 누릴 수도 있지요."

혹은 당신이 온통 새로운 경험을 하고 싶다는 열망에 들뜬 영혼이라면 그에게서 이런 이야기를 듣게 될 겁니다.

"뭐니뭐니해도 가장 스릴 넘치는 건 신대륙을 발견하는 거지요. 여기 콜럼버스의 대본을 한번 읽어보세요. 그걸 현대에 맞게 각색해보면 어떨까요? 그 길이 너무 험난해 보인다면…… 아, 여행가가 되는 것도 좋겠군요. 매일매일 새로운 풍경과 문화를 만날 수 있어요. 당신은 낯선 곳에서 눈 뜨는 걸 두려워하지 않으니까 딱 어울릴 것 같은데…… 아니, 잠깐만요! 배우를 추천하는 걸 깜빡 잊었네요. 배우가 되면 매번 새로운 삶을 통째로 경험할 수 있어요. 평생 수백 명이 넘는 삶을 살았던 말론 브란도의 대본이 여기 있어요. 이거야말로 멀리 무인도로 떠나는 것보다 흥분되는 여행이지요. 자, 어떤 걸 선택하시겠어요?"

보통 작은 방 하나를 가득 채울 만큼의 대본들을 훑어본 다음에야 마음에 드는 이야기를 골라낼 수 있답니다. 그렇게 커다란 줄거리를 선택하고 나면 그것을 당신만의 독특한 이야기로 다듬는 일이 남아 있지요. 대본을 고르는 것과는 비교도 안 되게 시간이 걸리는 작업이랍니다. 때론 며칠 밤을 새우기도 하지요. 크고 작은 인연들을 꼼꼼하게 엮고, 사건들을 적당히 배치하고, 만일의 경우에 대비해서 두번째 선택을 마련하고, 당신의 성격

에 맞게 상황들을 정리하고…… 그 둘은 마음에 쏙 드는 이야기가 완성될 때까지 머리를 맞대고 삶의 이모저모를 상의하고, 대본이 너덜너덜해질 때까지 고치고 또 고칩니다.

드디어 흡족한 시나리오가 완성되고 나면 코디네이션 담당 천사를 만날 차례입니다. 이 단계의 당신은 '작은 영혼' 단계에 있습니다. '하나의 꿈' 단계에서 드디어 성격과 운명을 지닌 '작은 영혼'의 단계에 진입한 것이지요. 하지만 아직 단단한 몸을 갖지 못한 상태로, 반딧불이 같은 작은 빛의 덩어리입니다. 저마다 독특한 빛을 뿜어내지요. 이 디자이너 천사를 만나고 나면 드디어 당신은 '모습'을 갖게 됩니다. 자신이 땅 위에서 어떤 옷을 입고 지낼지를 이 천사와 상의하는 것입니다. 물론 그는 최고의 감각을 가지고 당신의 모습을 재단할 겁니다. 당신이 기억하고 있는 세상 모든 사람들의 모습과 분위기와 매력들을 디자인해낸 실력자이니 믿으셔도 됩니다. 당신의 머리카락 색깔, 눈동자의 색깔, 입술의 모양과 코의 높이, 몸의 윤곽, 피부 위의 반점, 혈액형, 체취, 목소리, 키, 발 사이즈 등을 이때 모두 결정합니다.

맞습니다. 이 부분에서 사람들은 많이 망설이지요.

자신이 '원하는' 모습과 자신에게 '어울리는' 모습이 항상 꼭 들어맞는 것은 아니거든요. 이곳에 있으면 하루도 빠짐 없이 코디네이터 천사가 고집을 부리는 영혼들과 티격태격 승강이를 벌이는 광경을 보게 돼요. 천사는 자신의 소임인, '꿈을 이루기에 딱 맞는 옷'을 입혀서 내려보내려 애를 쓰고, 아름다운 것에 남달리 민감한 영혼들은 자신에게는 도저히 어울리지 않는 모습인데도 '눈에 띄는 화려한 옷'을 입혀달라고 막무가내고…….

남극의 얼음을 헤치고 탐험하기를 원하는 영혼이 천재 시인 랭보의 파리한 안색을 갖고 싶어하는 경우마저 있지요. 가엾은 코디네이터 천사! 매번 진땀을 흘리며 그들을 설득하기 위해 안간힘을 씁니다.

하지만 다행스럽고도 놀라운 건, 대부분의 사람들이 결국은 사명에 어울리는 모습을 선택한다는 사실입니다. '그럴듯하게 보이는 모습'보다는 '자기다운' 모습을요!

사람이란 참 자긍심 강하고 멋진 존재입니다.

모습까지 결정되고 나면 작은 영화관 같은 곳으로 안내될 겁니다. 당신의 삶이 처음부터 끝까지 다큐멘터리로 만들어져 있거든요. 물론 그 다큐멘터리는 당신이 첫번째 모닝콜에 응답한다는 가정 하에 만들어진 것입니다. 당신이 선택한 시나리오에 당신이 고른 주인공의 모습을 끼워넣어 만든, 일종의 데모 필름 같은 거지요. 삶의 리허설이라고나 할까요? 세상에 내려가기 전에 당신이 스스로의 운명을 미리 한번 보아두어야 하니까요. 지구 위에서는 '데자뷔' 현상이라고 부르는 것 같더군요. 어디선가 본 듯한 풍경, 한 번 경험한 듯한 상황, 왠지 오래 알고 지낸 듯한 사람을 만났을 때 말입니다. 그건 단지 삶을 시작하기 전에 이 영화관에서 봤던 장면들이 잠깐 잠깐 기억날 뿐이라는 걸 모르고 하는 말이지요. 말로 듣는 것보다, 상상하는 것보다 그렇게 영상으로 보고 나면 기억하기가 훨씬 쉬워진답니다. 그러니까 어느 분야에서건 뛰어난 업적을 이루어낸 사람들은 그걸 해낸 스스로의 모습을 이곳에서 미리 봤던 사람들이지요. 한 번 와봤던 곳은

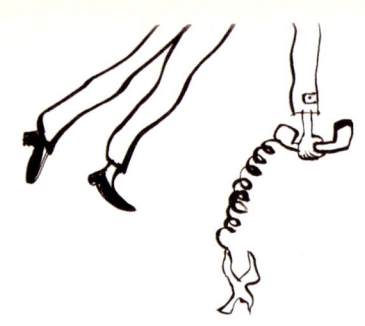

헤매지 않고 찾아갈 수 있듯이, 확신을 가지고 꿈을 향한 그 길을 갔던 겁니다.

요즈음 당신들 세상에서도 이 천국의 법칙을 희미하게 감지해낸 이들이 하나 둘씩 등장하고 있는 듯합니다. 그들은 '상상하라, 원하는 모습을 끊임없이 상상하고 생생하게 그려라, 그러면 이루어질 것이다'라고 가르치고 있더군요. 하지만 그런 식으로 당신은 꿈을 이룰 수 있었나요? 똑같은 꿈을 열심히 머릿속에 그려도 이루지 못하는 이들이 훨씬 더 많은 것은 왜일까요? 그 이유는 간단합니다. 꿈의 주인이 아닌 이들은 도저히 '실감나게' 그 모습을 그려낼 수 없기 때문입니다. 레몬을 먹어본 적 없는 사람은 아무리 레몬을 떠올려도 입안에 침이 고이지 않는 것과 같은 이치입니다. 매순간 치열하게 자기 암시를 하고 자기 것이 아닌 이미지들을 의식 속에 심으려 해도 마음 깊은 곳에선 그걸 받아들이려 하지 않고 도리질을 치거든요. "아니, 그건 나의 시나리오가 아니야!"라구요.

반면 이곳 영화관에서 생생한 다큐멘터리로 본 적이 있는 사람들은 그 꿈을 상상하는 것이 아니라 기억을 떠올려 실제로 '보기' 때문에 그 힘이 엄청나게 다릅니다. 조금의 의심도, 흔들림도 없이 그 기분을 느끼고 체험할 수 있지요. 그리고 그 느낌은 현실이 됩니다.

  당신에게도 틀림없이 그런 장면이 있을 겁니다. 상상만 해도 입안 가득 침이 고여오는 레몬 한 조각 말입니다. 살짝 떠올리기만 해도 가슴이 벅차오르고 피가 뜨거워져서 살아 있길 잘했다는 생각이 드는, 언젠가 스스로에게 선물하겠노라 남몰래 약속해둔 그런 장면 말입니다. 이제 기억이 나시나요? 저도 기억이 나는군요. 당신과 함께 이곳의 영화관에서 보았던 그 멋진 장면들이요.

만일 그 영화가 마음에 들면 마침내 마지막 천사가 당신을 기다리고 있습니다. 바로 '모닝콜' 담당 천사입니다. 그는 세상으로 내려가는 문 바로 앞에 앉아 있습니다.

파자마를 입은 그 천사가 당신 앞에 희게 빛나는 계약서 한 장을 내밀 겁니다.

"돌고래의 멸종을 막기 위해 지구로 가시는군요. 멋지네요. 자, 이 서약서에 사인을 해주시겠습니까?"

그 종이 위에는 당신이 고른 사명을 완수하겠다는 서약이 적혀 있습니다. 그리고 그 꿈을 이루기 위해 당신이 하기로 약속한 일들과, 당신을 돕기 위해 천국에서 파견하기로 계획된 '소원 전담반'에 대한 세부적인 사항들도 꼼꼼히 적혀 있습니다. 그 종이에 다이아몬드 잉크로 사인을 하고 나면 그 천사가 다시 물을 겁니다.

"모닝콜은 언제 해드릴까요?"

당신은 알고 있습니다. 언제가 가장 적당한 때인지.
　"제가 대학을 졸업하고 나서 한 이 년쯤 사회 경력도 쌓고 우정도 한껏 경험하고 슬픔과 기쁨을 알 만한 나이가 된 뒤가 좋겠어요. 나의 사명은 생명에 대한 이해나 사랑이 없이는 무의미한 일이니까요. 그래요, 제가 스물일곱 살이 되는 해 봄, 4월 1일이 좋겠네요!
　그날 제게 모닝콜을 해주세요. '이제 돌고래들을 구하러 갈 때야!'라구요."
　콜은 자신의 장부에 그들이 부탁한 날짜를 또박또박 정확히 기록하고 고개를 끄덕입니다. 그는 지금까지 한 번도 시간을 어긴 적이 없으니 믿으셔도 됩니다. 그리고 콜은 수천 가지 색실들이 엉킨 실타래 같은, 자신의 전화기에 연결된 코드 중 하나를 뽑아 당신에게 건네줍니다. 당신은 그 전화 코드를 소중히 받아 당신의 심장에 단단히 꽂습니다. 천국의 모닝콜은 언제나 심장을 통해서 울리게 되어 있으니까요.

사람들은 세상으로 향하는 문을 열고 나가기 전에 몇 번이고 돌아와서 거듭 거듭 콜에게 신신당부를 하지요.

"잊어버리면 안 돼요! 내게 그건 너무나 중요한 일이에요! 내가 무엇을 하고 있건 날 흔들어 깨워줘요! 설령 나는 약속을 잊어버리더라도 절대로 당신은 잊어버려선 안 돼요!"

그들은 두려운 겁니다. 삶의 숲속에서 천국의 끈을 놓쳐버릴까봐. 하루하루 살아내기에 정신이 없어 이 소중한 약속을 잊은 채 삶을 탕진할까봐. 그래서 마지막 순간까지 콜을 돌아보며 간절하게 부탁하곤 하지요.

"꼭이에요! 꼭 깨워줘야 해요!"

그리고는 저 문을 열고 세상으로 나갑니다. 설렘과 기쁨에 가득 차서.

이런, 신이 나서 떠들다 보니 제가 말이 너무 많아졌군요. 이 부분은 모닝콜 담당 천사에게 직접 듣는 편이 훨씬 나으실 텐데 말입니다. 잠깐만 기다려주세요. 곧 콜이 이야기를 시작할 겁니다. 그 녀석은 말이 좀 어눌해요. 처음에는 '별 무뚝뚝한 천사를 다 보겠군!' 싶으시겠지만 그 녀석, 실은 저보다 두 배는 더 당신을 좋아한답니다.

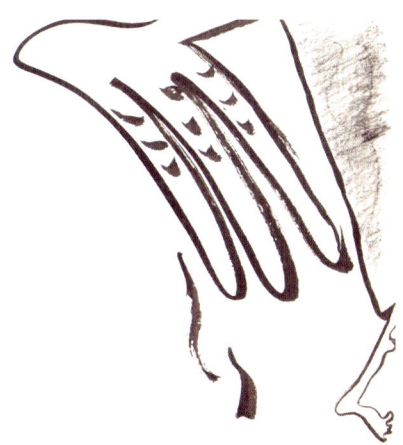

🗣 사람들은 깜짝 놀랄 정도로 건망증이 심하다. 그 철썩 같던 약속을 너무 쉽게 잊어버린다. 나에게 한 당부도, 자신이 예약한 두근두근한 삶의 시나리오도. 그 오랜 시간 밤을 새워가며 다듬었던 아름다운 당신의 이야기 말이다. 당신은 몇 살 때까지 천국과의 약속을 기억하고 있었나?

내가 경험한 바로는 평균적으로 태어나서 세 살 반 무렵까지인 듯하다. 평생 웃을 웃음의 절반 정도를 몰아서 웃는, 그 삼 년 남짓한 천국의 나날들. 약속을 기억을 하고 있는 한, 사람들은 행복하니까. 그들은 세상에 아무런 방해도 받지 않고 편안히 먹고 잔다. 느긋하다. 걱정이 없다. 그런데 쾅! 뭐가 잘못되었는지 어느 순간부터 기억상실증에 걸린 듯이 불행해하기 시작한다. 그러면 나는 슬슬 불안해진다.

따르르르릉!

아니나 다를까 약속한 그때가 되어 내가 전화를 걸면 대부분 날 외판사원 취급을 한다. 이런 식으로. "네? 제가요? 정말 제가 그런 약속을 했던가요? 그럴 리가요……" 혹은 "왜 저이지요? 사람을 잘못 찾으신 게 아닐까요? 그런 일이라면 저보다 훨씬 능력 있고 똑똑한 니콜에게 전화를 걸어보시는 게 나을 텐데요……"

간혹 기억력이 아주 좋아서 약속을 기억하는 이들도 있다. 하지만 사정은 별반 다르지 않다. 그들은 늘 어딘가에 매어 있다. 지금 처리하지 않으면 안 될 급박하고, 중요하고, 어쩔 수 없는 일들에.

"아, 그 약속 말이군요! 알아요, 알아. 하지만 지금은 그럴 때가 아니니까 조금만 기다려요, 당신의 전화를 받는 것보다 먼저 처리해야 할 일들이 쌓여 있다구요!"

"꼭 지금이어야 하나요? 왜 하필 지금 전화를 거신 거예요? 보시다시피 지금 저는 꼼짝할 수가 없답니다. 다른 때 다시 걸어주시면 안 돼요?"

그럴 때면 나는 담담하게 그들이 서명한 천국의

계약서를 읽어줄 수밖에 없다.

"물론 그렇게 하세요. 결정은 언제나 당신이 내리게 되어 있습니다. 그건 계약서 제1조이기도 하니까요. '모든 선택의 권한은 삶을 기획한 삶의 주인공에게 있다'. 하지만 첫번째 모닝콜을 받은 지금의 상황이 가장 완벽하다는 사실을 상기시켜드려야겠군요. 당신이 원했던 삶을 위해 최상의 조력자들과 우연의 일치들과 행운들이 지금 마련되어 있습니다만…… 당신이 정 다음 기회로 미루고 싶으시다면 어쩔 수 없지요. 단, 제가 두번째, 세번째 콜을 할 때에는 조력자들의 질도 점점 떨어지고 그다지 신통치 않은 행운들만 남을 수 있다는 사실을 감안하셔야 합니다. 예기치 않은 장애물들이 많아져서 멀리 빙 돌아가야 할 수도 있어요. 그 점을 감수하실 의향이 있으시다면 좋습니다. 다음에 또 전화 드리지요."

달칵. 나는 예의 바르게 전화를 끊는다.

하지만 궁금하다. 사람들이 왜 자신들이 예약해놓은 근사한 풀코스를 지금 즐기지 않는지. 그들이 입버릇처럼 '다음에, 이 다음에 사정이 되면'이라고 말하는 때가 되면 보나마나 너무 늦을 텐데. 그리고 그때쯤이면 삶의 테이블 위엔, 식은 핫도그밖에 그들 몫으로 남아 있지 않을 텐데…….

지금, 지금, 지금이 아니면
다시는 버드나무 피리를 불지 못하리.

헨리 데이비드 소로

Call 내게 모닝콜을 부탁한 한 남자가 있었다. 그는 뼛속부터 음악을 사랑하는 영혼이었다. 그래서 스스로에게 꼭 어울리는 76년간의 삶을 디자인했다. 열여덟 살 무렵부터 기타를 배우고 스물일곱 살에는 그리 유명하진 않지만 소수의 광팬을 거느린 천재 재즈 기타리스트가 되겠다는 사인을 하고 내려갔다. 사후에는 그의 곡들이 그의 이름을 붙인 클럽에서 30년간이나 연주되는 영광도 예약이 되어 있었다.

그는 천사인 내가 봐도 근사했다. 꿀색과 밤색이 뒤섞인 머리카락이 목덜미까지 굽이치며, 진짜 아티스트 특유의 짜릿한 입매로 웃곤 했다. 계약서에 사인을 하기 전, 함께 보았던 그의 인생 다큐멘터리를 잊을 수가 없다. 필름 속의 그는 비가 퍼붓는 밤, 뉴욕의 클럽에서 빗소리보다 격렬하게 온몸으로 연주를 하며 속눈썹과 머리카락 끝으로 땀방울을 튕겨내고 있었다.

그런데 지구 위에 정작 그 비가 퍼붓던 밤, 그는 재즈 클럽이 아닌 월스

트리트에 있었다.

  세상에 내려가 결국 정치인이 되었던 것이다. 내가 약속대로 첫번째 전화를 걸었을 때 그는 열여덟 살의 로스쿨 신입생이었다.

  "지금이 기타를 시작할 때야! 널 위한 기타는 약속대로 네 손안에 들어오도록 준비해두었어."

  그는 나의 전화를 받고는 기뻐서 두 눈이 반짝였지만 금세 고개를 가로저었다.

  "기타를 치고 싶긴 하지만…… 부모님이 그토록 원하시던 로스쿨에 합격했는걸! 친구들도 모두 부러워하는 길이야. 나는 이 기회를 놓치고 싶지 않아."

  앞서 말했다시피 언제나 선택을 하는 것은 삶의 주인이다.

  모닝콜을 하고 나서 이틀 후, 대본에 씌어진 그대로 그의 삼촌이 영국에서 사온 근사한 기타를 그에게 선물했지만 그는 그 기타를 장식용으로 벽에 걸고 말았다.

내가 두번째 전화를 걸었을 때는 그가 로스쿨을 졸업하고 변호사 사무실을 개업하려 할 때였다. 건물을 임대하는 것부터 계약금을 마련하는 것, 선배들의 참견과 여러 가지 법적 절차들에 골머리를 썩이고 있을 때 나는 그에게 다시 전화를 걸었다.

"지금도 좋은 기회야! 지금은 예약되지 않은 길을 가려고 하니까 골치 아프고 힘이 드는 거야. 당장 기타를 시작해. 그럼 삶이 놀랄 만큼 쉽게 풀릴 거야. 네가 상상도 못 했던 도움들이 쏟아져 들어올 거라구."

그는 전화를 받고 한 3일 정도, 기타를 내려 만지작거리며 약속을 기억하려 애쓰다가 결국은 다시 벽에 걸어두고 말았다.

"이제 겨우 돈을 벌 수 있게 되었는데 한가하게 기타나 만지작거리고 있다니! 내가 무슨 생각을 하고 있는 거지? 은행에서 빌린 대학교 등록금도 아직 다 갚지 못했잖아. 기타는 조금 더 여유가 생기면 취미로 배울 수 있어."

　나는 잠들기 전, 그의 시선이 벽에 걸린 기타에 머무는 순간을 놓치지 않고 매일같이 모닝콜을 울렸다.

　"오늘이라도 시작해! 너의 꿈을 기억해!"

　그러나 그는 매일 밤 쓴웃음으로 내 목소리를 지우고는 애써 잠을 청했다.

　그의 변호사 사무실은 그다지 인기가 없었다. 불안한 마음에 정치 쪽에 발을 들이기 시작하면서 그는 성큼성큼 삶의 시나리오에서 멀어져갔다. 권력 있는 정치인의 딸과 결혼을 하면서 짜릿했던 재즈 뮤지션의 웃음도 어느새 그의 얼굴에서 사라져버렸다. 대신 웃고 싶지 않은 순간에 억지로 웃어서 생긴 거북스러운 주름이 뺨에 남았다. 모닝콜을 거부하려 애쓰는 사람들 특유의 증상, 불면증도 어김없이 찾아왔다. 그는 걸핏하면 화를 내고 사람들에게 분노를 터뜨리기도 했다. 특히 음악을 하는 젊은 사람들은 보면 알 수 없는 증오가 끓어올랐다.

"저 녀석은 빈둥빈둥 허송세월을 하고 있군! 나이가 들면 뼈저리게 후회하게 될 텐데…… 쯧쯧…… 왜 저리 생각이 없이 사는지!"

하지만 마음 깊은 곳에서 울리는 솔직한 감정은 질투였다.

"저 녀석이 내 삶을 훔쳐서 살고 있어! 저건 내가 계획한 내 삶이야!"

65세 되던 이 년 전, 나는 그의 심장에 마지막 모닝콜을 울렸다. 이미 세상을 떠난 부인의 묘비 앞에 그가 고요한 마음으로 백합을 바치던 순간이었다. '따르르르릉!' 둔감해진 그의 심장에 조금이라도 떨림이 전해지도록 전화 벨소리를 최대한으로 올려, 있는 힘껏 고함을 질렀다. "아직도 늦지 않았어! 아직 너는 어깨에 기타를 멜 수 있잖아. 제발 기억해봐! 너는 기타를 치기 위해서 이 삶을 선택했어."

아름다운 허니 브라운의 머리카락이 희끗해진 그가 무엇에 찔린 듯 움찔, 몸을 떨었다. 드디어 약속을 기억해낸 것이다!

나는 서둘러 그를 위한 지원 팀을 배치했다. 열여덟 살의 그를 위해 대기하고 있던 완벽한 상황들과는 비교도 할 수 없이 빈약한 형편이었지만 마지막 용기를 낸 사람들을 위해 끝까지 최선을 다하는 것이 모닝콜 천사들의 의무이다.

47년간 쌓인 먼지를 털고 그는 삼촌이 선물한 그 운명의 기타를 품에 안았다. 오래된 낙서처럼 희미하게 드러나는 그 짜릿한 웃음! 그리고 드디어 오늘, 그의 첫 콘서트가 열리게 된다. 작은 바에서 드문드문 술을 마시고 있는 손님들을 위해 연주하는 조촐한 콘서트이지만 그는 지금까지의 삶 어느 순간보다 벅차고 행복해 보인다.

Rob 이야기를 하다 보니 제 소개가 늦었군요. 제 이름은 롭입니다. 시나리오 담당 천사이지요. 지금 이 책을 읽고 있을 당신은 틀림없이 저와 머리를 맞대고 삶의 스토리를 구상했을 겁니다. 당신의 부모님들도, 또 그들의 부모님들도요. 저는 350년 전부터 시나리오 천사로 일하기 시작했으니까요. 아주 옛날 초보 천사 시절엔 저도 콜처럼 모닝콜 담당이었답니다. 저는 그 일을 사랑했지요. 하지만 요즘 콜이 일하는 걸 보면 제가 모닝콜을 하던 옛날이 훨씬 일하기 쉬웠던 것 같아요. 그때는 삶이 단순하고 짧았거든요. 사람들이 디자인하는 삶의 스토리들도 지금보다 훨씬 쉽고 명료했어요. 물론 1백 년에 한 번씩은 이런 사람들이 나오기도 했지요.

"내가 스무 살 되는 생일날 모닝콜을 해줘! 큰 군대를 이끌고 페르시아를 정벌하러 갈 거야!"라든가 "인류에게 빛을 주겠어! 전기를 발명해서 어둠이 없는 세상을 만들겠어"라고 이글거리는 눈빛으로 다짐하는 사람들 말입니다. 하지만 대부분의 사람들은 더함도 덜함도 없는 소박한 삶을 원했답니다.

 2000년 전에 내게 모닝콜을 부탁하고 세상으로 내려갔던 한 소년이 생각나네요. 인간의 평균 수명이 미처 40세를 넘기지 못했던 시대에 그는 서른일곱 해를 살기로 되어 있었지요. 그는 그 당시 남자들에게 가장 일반적인 직업이었던 목동으로 살기를 선택했답니다. 하지만 그는 여느 목동들과는 달랐어요. 세상을 만든 우주의 의미를 찾고 싶어했지요. 그래서 아직 '여행'이라는 말조차 없던 그 시대에 그는 세상을 보길 원했어요.

 물론 그가 계획했던 것은 시속 3천 킬로미터의 비행기를 타고 스페인부터 뉴델리까지 하루 만에 둘러보는 그런 여행이 아니었지요. 키가 작았던 소년은 시속 3킬로미터로 걸어서 온 세상을 둘러보고 싶어했습니다. 하지만 저는 아직까지 그보다 더 빠른 여행을 본 적이 없답니다. 터벅터벅 걷다가 따뜻해진 돌 위에 앉아 쉬고, 바람이 꺼져가는 모닥불을 빨갛게 살려내는 것을 넋을 놓고 바라보고, 왔던 길을 돌아가 소녀의 뺨에 입을 맞추던 그 여행보다 더 빨리 누군가를 원하는 곳에 데려다 놓는 여행을 말입니다.

꼭 열다섯 살 나던 해, 양떼들을 몰고 뉘엿뉘엿 해 지는 들판을 가로질러 오두막으로 돌아가던 그때 소년은 제 전화를 받았습니다.

"지금이야! 네가 세상을 둘러보고 삶의 이치를 깨닫기로 한 때가!"

소년의 눈에 반짝! 생기가 돌고 쿵쿵쿵쿵 서커스 개막을 알리는 북소리처럼 가슴이 뛰는 소리가 수화기 이쪽까지 들려왔어요. 하루에도 몇 번씩 양들의 수만을 헤아리던 소년은 눈을 들어 처음으로 멀리 붉게 타오르는 지평선을 바라보았지요. 그리고 한동안 사로잡힌 듯 그의 눈은 그 끝을 알 수 없는 세상의 경계선에 붙어서 떨어질 줄 몰랐답니다.

소년은 바로 그 다음날 양을 팔아서 길을 떠납니다. 천사인 우리들도 깜짝 놀랄 만한 일이었지요. 아시다시피 양은 목동이 가진 모든 것이니까요. 양들은 그의 털옷이었고, 우유였고, 집이었고, 가족이었습니다. 그것은 천사가 날개를 파는 것과 같아요. 그래서 지금까지도 '목동이 양을 팔아 길을 떠나듯'이라는 표현은 우리 천사계에서 굉장한 찬사로 쓰이고 있습니다. 직관을 의심 없이 믿고 따르는 사람, 마음이 순수하고 맑아서 모닝콜 소리를 단번에 알아듣는 사람, 가치 있다고 믿는 일에 과감히 모든 것을 쏟아붓는 사람들을 보면 우리는 이렇게 말하지요. "저 사람을 좀 봐! 어쩌면 저렇게 순수하고 용감할 수가 있지! 목동이 양을 팔아 길을 떠나듯이 말이야."

물론 모든 목동들이 양을 파는 것은 아닙니다.

아니, 양을 팔기는커녕 대부분의 사람들이 양의 수를 불리기 위해 안달하거나 이미 갖고 있는 양들을 지키기 위해 발버둥을 치느라고 삶의 대부분을 흘려보내지요. 제가 아는 어느 자동차 세일즈맨의 이야기를 들려드려야겠군요. 그는 생의 마지막 순간까지 가슴이 타들어가는 병을 앓아야 했습니다.

아무리 나이가 들고, 통제당하고,
꿈꾸지 않으려고 애써도 타오르는
꿈의 불길은 무뎌지지 않을 것이다.

줄리아 카메론

Rob 75년 전, 저는 그와 머리를 맞대고 삶의 시나리오를 구상했지요. 그는 순수하고 씩씩한 사람이었습니다. 그 대신 다혈질인 구석도 있었지요. 뭔가 자신의 뜻에 맞지 않고 부당하다고 느끼면 욱, 하고 눈에 불꽃이 튀는 그런 사람 말입니다. '카림'이라는 이름의 그는 특히 동물을 사랑하는 영혼이었어요. 세상이 점점 오염되고 사람들이 잔인해지면서 야생동물들이 하나 둘씩 사라져가는 것을 못내 가슴 아파했지요. 이번 생에서는 이기적인 인간들로부터 동물들을 보호하는 사명을 완수하고 싶다고 내게 말하곤 했어요.

그래서 우리는, 대학에서 환경학을 공부한 뒤 삼십대부터는 아프리카에 야생동물 보호센터를 설립해서 뜻이 맞는 세계 여러 나라 사람들과 함께 동물 사랑 캠페인을 펼치는 삶을 기획했습니다. 그는 완성된 시나리오를 보고 뛸 듯이 기뻐했어요.

"바로 이거예요! 제가 이 삶을 제대로 살아내기에 알맞은 몸을 주세요!"

코디네이터 천사는 그를 위해서 건강한 구릿빛 피부와 튼튼한 근육의 다리, 크고 따뜻한 손, 동물들의 마음을 잘 읽을 수 있는 예민한 감각을 준비해주었지요.

그는 콜이 내미는 전화 코드를 누구보다도 깊고 단단히 심장에 꽂고는 씩씩하게 삶 속으로 들어갔어요. 우리는 모두 흐뭇한 얼굴로 그의 뒷모습을 배웅했지요.

그런데 30년이 지난 어느 날, 콜이 얼이 빠진 목소리로 외쳤습니다.

"선배님, 카림이 심장에서 전화 코드를 뽑아버렸어요!"

📞 사람들은 얼토당토않은 시간에 울리는 내 전화에 당황하고 때론 화를 내기도 한다.

"꿈 속에서 초콜릿 케이크를 막 베어물려는 참인데 왜 잠을 깨우는 거야!"라고 투정을 부리는 아이처럼. 조금 미안하기도 하다. 하지만 그때는 정확한 시간이다. 바로 당신이 당신 삶의 필름을 끝까지 다 보고 나서 최적의 장면을 선택해 끼워넣은 것이다. 그 타이밍은 틀릴 수가 없다. 스스로를 믿고 제발 내 전화를 받아주길 바란다.

Rob 이런! 믿을 수가 없군요. 카림이 모닝콜 코드를 뽑아버리다니…….

아직 초보인 콜이 패닉에 빠지는 것도 무리가 아니지요.

약속한 스물네 살의 어느 날, 콜은 그에게 어김없이 모닝콜을 울려주었다고 합니다. 카림은 그때 카드 도박에 빠져 있어서 울려대는 그 벨소리를 들은 척도 하지 않았다고 하네요. 물론 콜은 전화를 하고, 하고, 또 했겠지요. 그가 잠시 도박판에서 빠져나와 밤하늘을 올려다본 순간, 그가 집에서 키우는 개를 가슴에 끌어안는 순간, 시커먼 매연을 내뿜는 자동차를 향해 그가 주먹을 휘두르는 순간 등을 콜은 놓치지 않고 그의 심장에 벨소리를 울렸답니다.

따르르르릉!

"카림! 지금이에요, 당신은 도박보다 훨씬 가치 있는 일을 하기로 되어 있는 사람이에요! 동물들을 위해서 움직이세요! 우리와 한 약속들을 기억해봐요!"

카림은 그때마다 벌레를 쫓듯 고개를 흔들어 콜의 목소리를 마음에서 쫓아내더군요. 그런 날이면 독한 술을 진탕 마시기도 했습니다. 가엾은 카림. 순수하고 단순한 사람들일수록 도박에 한번 빠져들면 쉽게 헤어나오지 못하지요. 누구보다 민감한 감각을 가진 그가 콜의 목소리를 듣지 못했을 리가 없어요. 다만 지금 자신의 모습이 너무 한심하고, 용기 있게 손을 씻고 성큼 새로 출발하지 못하는 스스로가 부끄러워서 더욱더 도박 속으로 깊이 몸을 숨겼던 거지요. 그러더니 결국 자괴감을 견디지 못해 가슴 깊이 박혀 있던 천국과의 연결 코드를 제 손으로 뽑아버린 겁니다.

아주 간혹 이런 사람들이 있어요. 그들은 누구보다 예민하기 때문에 우리가 보낸 신호들을 또렷이 감지하지요. 하지만 쓸데없는 일에 너무 깊숙

이 영혼을 팔아버려서 자신이 원했던 그 삶 속으로 들어갈 수 없을 때, 그 찬란한 시나리오를 일깨우는 전화벨 소리가 너무나 괴로워서 아예 코드를 뽑아버리는 그런 사람들이요.

 물론 삶의 주인이고, 모든 선택권을 가진 인간이 코드를 뽑아버리기로 결심하면 우리는 더이상 그의 심장에 벨을 울리거나 이야기할 권리가 없습니다. 하지만 한 가지는 말씀드려야겠군요. 코드를 뽑고 난 자리만은 상처로 남는다는 사실을. 그리고 아무리 피하려고 해도 살아가는 동안 어쩔 수 없이 그 상처를 건드리는 장면들을 문득문득 만나게 되기 때문에 잘 아물지도 않는답니다.

 카림도 그랬지요. 천국의 코드를 뽑아가면서까지 떠나지 못했던 도박판에서 결국 가진 것을 모두 잃게 됩니다. 겨우 겨우 친구들의 도움으로 새 삶을 시작할 수 있었지만 그것은 낯설고도 힘겨운 길이었답니다. 평범한 자동차 세일즈맨으로 한 여자를 만나 결혼을 하고 아이들을 키우며 살아가는 35년 내내 알 수 없는 가슴의 통증에 시달려야 했으니까요. TV의 동물 다큐멘터리를 볼 때면 어김없이 심장 한 구석이 욱신욱신 저려왔지요. 선반 위에 놓인 커피캔에 붙어 있는 '아프리카산 원두커피' 상표만 보아도 가슴 한복판이 쿡쿡 쑤셔서 한동안 숨을 골라야 했습니다. 어느 날엔가는 아내가 사들고 온 모피 코트를 본 순간 명치 끝이 칼로 도려내는 듯 아파와 가슴을 움켜쥐고 거실 바닥에 뒹굴기도 했습니다.

이렇듯 자꾸만 덧나는 깊은 상처 때문에 무수히 많은 병원을 돌아다니며 의사들을 괴롭혔지요. 물론 병원에서는 카림의 심장에서 어떠한 이상도 발견할 수가 없었구요.

"이런 돌팔이 의사들! 30년이 넘도록 이렇게 가슴이 아픈데 아무 이상이 없다고? 내일은 일을 쉬고 좀더 유명한 병원을 찾아가봐야겠군."

하지만 그의 생이 다하던 날, 그가 가쁜 숨을 몰아쉬며 고백하는 것을 저는 들었답니다.

 그의 손을 쥐고 있던 두 아들들에게 말이지요.

 "애들아, 아버지가 사실을 이야기해야 할 것 같구나. 애써 숨기고 있었지만, 실은 내 심장을 망가뜨린 것은 나였단다. 새파란 애송이였던 어느 날, 내 손으로 가슴 깊은 한쪽을 도려냈지. 그곳에서 내게 자꾸만 무언가를 이야기하는 목소리가 들려오는데 나는 왠지 그걸 듣기가 괴로웠다. 그 목소리는 내게 어떤 근사한 계획에 대해 이야기했던 것 같은데 거짓말처럼 까맣게 잊어버렸어. 이제는 아무리 애를 써도 무슨 이야기였는지 기억나지 않는구나."

 뜻밖의 이야기에 놀란 아들들이 눈을 커다랗게 떴습니다.

 "그런데 참 이상하지. 나를 귀찮게 하던 그 목소리가 사라지고 난 뒤로, 내 삶은 안테나가 부러진 듯 방향을 잃고 말았어. 물론 열심히 일했고 엄마와 너희들을 사랑했다. 하지만 가슴 한복판이 늘 허전했고 무엇을 해도 즐겁지가 않았다. 기억나니? 너희가 어렸을 때 '왜 아버지는 그렇게 웃지 않아요?'라고 불만 가득한 목소리로 물었던 적이 있었지. 지금도 미안하게 생각하고 있단다. 내가 너희들에게 행복한 아버지의 모습을 보여주지 못한 것……."

카림은 흐르는 눈물을 감추려 하지 않았습니다. 그리고 간절한 목소리로 두 아들에게 마지막 당부를 했지요.

"아들아, 너희들에게도 언젠가 문득 낯선 목소리가 들려오는 때가 있을 거다. 그때 숨어버려선 안 돼. 설령 부끄럽고 겁이 나더라도 말이다. 내 인생에서 단 한 순간을 바꿔넣을 수 있다면 난 그 목소리가 처음으로 들려오던 밤으로 돌아가고 싶구나. 그 밤으로 돌아가 용기를 내어 카드 테이블을 엎어버릴 수만 있다면!"

설렘으로 가득하던 '작은 영혼' 시절에 이곳에서 우리와 함께 디자인했던, 그의 크고 따뜻한 손이 경련하듯 떨려왔습니다.

"아버지에게 약속해주렴. 너희들은 부디 그 목소리를 따라 끝까지 가보겠다고. 그리고 우리가 천국에서 다시 만나게 되거든, 그 삶이 어땠는지 내게 얘기해다오."

당신 안에 당신이 모르는 영웅이 있다.
당신이 알고 있다면
태초부터 그것을 알고 있었다면
빨리 그렇다고 말하라.

잘래 우딘 루미

🟢Call 아아, 아름다운 일레인! 천사 주제에 모닝콜 담당 인간과 사랑에 빠지는 것은 금지되어 있다. 하지만 일레인을 보면 날개 깃털이 한 올 한 올 떨려 올 정도로 넋이 나가버린다. 그녀는 플라멩코를 추는 댄서이다. 열여덟 살에 자신만큼 사랑스러운 아이를 낳아서 혼자서 씩씩하게 키우고 있기도 하다.

그녀는 세상으로 향하는 문을 열고 나가기 전, 초승달이 뜬 밤바다같이 촉촉하게 일렁이는 검은 머리카락과, 탐스러운 입술과, 올리브빛으로 반짝이는 저 피부를 골랐다.

"이번 생에선 저의 강인함을 시험하고 싶어요"라고 '하나의 꿈' 단계의 그녀는 롭 선배님께 말했다. 자신의 용기를 시험하고, 사람들에게 희망의 메시지를 주길 원한다고. 그래서 그녀는 혼자 힘으로 아기를 키우는 경험을 선택했고, 젊은 시절엔 정열적인 댄서의 길을 걷길 원했다.

하지만 아무리 생각해도 그녀, 시련을 겪으며 용기를 시험하기에는 지나치게 로맨틱한 모습을 골랐다.

그녀는 서른세 살 되던 해 겨울, 두 다리를 잃게 되어 있었다. 기차 선로에서 놀던 아이를 구하는 대가로 다리가 잘려나가는 엄청난 시련을 선택했던 것이다. 계약서에 서명한 그녀의 본격적인 사명은 그때부터였다. 그 시련에 굴하지 않고 휠체어에 앉은 채 플라멩코의 정열이 고스란히 뿜어져 나오는 그림을 그리는 화가로서 성공해, 사람들에게 용기와 희망의 메신저로서의 사명을 다하는 삶이 그녀의 시나리오였던 것이다. 그 강렬한 삶의 경험을 바탕으로 책을 쓰고, 장애를 극복한 이들을 위한 단체도 설립하기로 되어 있었다.

그녀는 그 줄거리에 매우 흡족해했고 영화관에서 그 삶을 담은 다큐멘터리를 보는 순간엔 기쁨의 눈물을 흘렸다. 종려나무 가지처럼 길고도 아름다운 두 다리로 추는 춤이 화려할수록, 그뒤에 극복한 시련의 열매가 환하게 빛을 발했다. 흰빛과 검은빛이 서로를 돋보이게 밝혀주듯이. 본인은 매우 흡족해했지만 사려 깊은 롭 선배님이 마지막까지 그녀를 부드럽게 타일렀던 것을 나는 똑똑히 기억하고 있다.

"일레인, 필름으로 보는 것과 실제로 겪는 것과는 큰 차이가 있어요. 꼭 이걸로 해야겠어요? 젊은 여성이 견디기엔 너무 힘겨운 스토리인데……."

하지만 용감하고 강인한 여성의 드라마에 매혹되어버린 일레인은 고집을 부렸다.

"아니오, 절대로 이 시나리오여야 해요. 전 이것말고는 어떤 삶도 원하지 않아요!"

롭 선배님은 절대로 무리하게 사람들을 설득하지 않는다. 선배님의 입버릇대로 삶은 '그들만의 게임'이니까. 천사가 이해할 수 없는 욕망을 가진 이들도 많고, 우리는 그저 그들이 세상에서 원하는 경험을 얻도록 도울 뿐이다.

일레인은 문을 열고 나가기 전, 내가 건넨 와인색 전화 코드를 소중하게 심장에 꽂으면서 내 손을 잡아주었다. 아, 그 순간을 나는 잊지 못한다.

　"꼭 큰 소리로 벨을 울려줘요! 보나마나 그때 나는 용기를 잃고 절망에 빠져 있을 테니까. 아니면 혹시 내가 자살을 하려 들 수도 있겠군요. 그때 잊지 말고 내 기억을 흔들어 깨워주어야 해요! '지금부터예요! 빨리 당신이 약속했던 삶을 시작해요, 당신이 그토록 고집을 부렸던 용감한 여인의 삶 말이에요!'라고…… 날 위해 해줄 수 있겠지요?"

　그녀는 뜨거운 입술로 내 손등에 입맞추며 부탁했다. 나는 아름다운 그녀의 용기에 눈이 부셔서 똑바로 쳐다볼 수조차 없었다. 그녀는 서른세 살이 되던 해 11월 29일의 모닝콜을 부탁하고는 문을 열고 나갔다. 사고로 다리를 잃은 지 딱 한 달이 지난 날이었다.

　그리고 오늘이 그날이다.

　"일레인, 일레인! 좀 천천히 네 삶을 즐겨. 그렇게 서두르면 아름다운 풍

경만을 놓치는 게 아니야, 어디로 가는지, 왜 가는지도 놓쳐버린단 말이야!"

나는 그녀가 세상으로 내려간 뒤 늘 그녀를 바라보면서 안타깝게 부르짖었다. 그녀는 낮에는 아기를 돌보고, 밤에는 플라멩코 클럽에서 춤을 추고, 틈틈이 어머니의 식사를 챙겨드리고, 새벽에는 식료품점에서 일을 하느라고 발이 땅에 붙어 있을 겨를이 없어 보였다. 탁탁탁탁탁…… 그녀의 굽 낮은 샌들이 하루종일 쫓기는 듯 숨가쁜 소리로 이 거리에서 저 거리로, 이 사람에서 저 사람에게로 옮겨 다니는 것을 보면서 나는 '천천히, 천천히……'라고 그녀의 심장에게 전화를 걸고 싶은 것을 꾹꾹 눌러 참아야 했다.

사람들이 요청한 모닝콜의 시간 전에 멋대로 전화를 하는 것은 엄격하게 금지되어 있다. 하지만 나는 그녀에게 말해주고 싶었다.

"일레인, 3초만 멈춰 서서 길 모퉁이 해바라기꽃을 좀 봐! 네가 오늘 머리를 묶은 황금색 리본과 기가 막히게 어울려!"

"일레인, 조금만 천천히 걸어. 바람이 선들 스치면서 드러난 그 아름다운 발목을 조금만 더 오래 보여줘."

하지만 지금 나의 그녀는 텅 빈 눈으로 침대에 누워 천장을 바라보고 있다. 더 이상 굽 낮은 샌들 소리를 울리며 어디로도 가지 않는다. 눈물조차 흘리지 않고 그녀는 벗겨진 포장지처럼 무표정하게 누워 있을 뿐이다. 나는 모닝콜을 울리기 위해 그녀 마음에 조금이라도 밝은 빛이 드는 순간을 기다렸지만 모든 것을 잃은 듯한 표정은 한치의 희망도 스며들 틈 없이 그녀를 점령하고 있었다. 기다리다 보니 이미 시계는 자정을 향하여 가고 있다. 약속일을 넘겨서는 안 된다. 나는 납덩이를 들어올리듯 수화기를 든다. '따르르르릉!' 한 번, 두 번, 세 번…… 그녀는 심장까지 완전히 귀가 멀어버린 듯 눈빛은 조금의 흔들림조차 없다. 나는 마음을 다잡고, 대답하지 않는 그녀의 심장에 대고 약속한 말들을 한다. 어쨌든 약속은 지켜져야 하니까.

"일레인! 지금이에요, 지금이 약속한 삶을 시작할 때예요! 이 세상 누구보다 용기를 내기로 약속했잖아요, 생각나요?"

"……………."

아아, 일레인! 매끈하고 아름다운 두 다리가 놓여 있어야 할 자리에 침대 시트가 움푹 꺼져 있다. 감정적으로 무너지는 것은 인간들만의 특권이지만 나도 이럴 땐 눈물이 흐른다. 삶은 가끔씩 인간들에게 너무한다. 오늘은 무리야…… 나는 내일 다시 전화를 걸기로 한다. 눈 좀 붙여요, 사랑스러운 일레인…… 아주 잠깐이라도 좋으니까 그 절망을 좀 내려놔봐요.

🆑 전에도 한 번 이렇게 꼼짝 할 수 없는 상태로 누운 이에게 전화를 걸어야 했던 적이 있었다. 영화를 좋아한다면 당신도 그를 알고 있을 것이다. 그는 한때 세계 모든 이를 품에 안고 날았던 슈퍼맨, 크리스토퍼 리브였다. 190센티미터가 넘는 근사한 근육질의 몸에, 깎은 듯 정직하고 매력적인 얼굴의 그 영화배우도 내게 모닝콜을 부탁했던 그 순간엔 침대에 누워 있었다. 차마 믿어지지 않는 모습으로 흉측스러운 기계들과 호스들에 온통 결박당한 채, 눈꺼풀만이 그를 대신해 절망과 두려움에 바르르 떨고 있었다. 공중전화 부스에서 빨간 망토를 펄럭이며 뛰어나오던 모습을 거짓말처럼 뒤로 한 채.

내가 너무 마음이 약한 건지도 모르겠다. 하지만 사람들은 간혹 스스로를 너무 과대평가한다. 정말 자신이 이 시련을 견딜 수 있다고 생각하는 걸까? 그래서 이토록 드라마틱한 스토리를 선택하는 걸까? 크리스토퍼도, 일레인도, 분명 아름다웠지만 그다지 강한 영혼은 아니었다. 오히려 아름다운 만큼 부서지기 쉬운 심장을 갖고 있었다.

 나는 약속된 시간에 전화를 걸면 그만인 모닝콜 담당에 불과하니까 주제넘은 참견일지도 모른다. 하지만 언젠가 내가 시나리오 담당이 된다면 사람들에게 반드시 좀더 쉬운 삶을 권할 것이다. 그리고 그들이 아무리 원한다 해도 엄청난 시련에 휩쓸리는 시나리오 따위를 써주지는 않을 것이다. 그렇게 되면 세기의 영웅도 나오지 않겠지만 참혹한 절망에 떠는 이도 나오지 않겠지. 삶이 지루하다고 불평한다 해도 별수없다.

 다행스럽게도 크리스토퍼의 경우는 일레인보다 훨씬 수월했다. 내가 첫 번째 모닝콜을 울렸을 때 그의 곁에는 우리를 결정적으로 도와줄 다나가 있었으니까. 다나는 그가 3년 전에 결혼한 여인이었다. 크리스토퍼가 혼수 상태에서 깨어나 가장 먼저 내뱉은 말은 그녀를 잃을까 두려워하는 말이었다.

 "다나, 이제 당신과 헤어져야 하겠지? 이 몸으론 당신과 함께 살 수 없으니……."

우리의 든든한 지원군 다나는 그때 그의 뺨에 얼굴을 맞대고 말해주었다.

"나는 언제까지나 당신과 함께 할 거예요. 어떤 일이 있어도 당신은 내가 사랑한 당신이니까요!"

사람들의 두려움이 아침 안개처럼 환하게 걷히고 얼굴에 햇살이 비치는 그런 순간에는 모든 일이 식은 죽 먹기다. 나는 여유만만하게 전화벨을 울리고 한 마디만 하면 된다.

따르르르릉!

"슈퍼맨, 기억나요? 이제 본격적으로 날아오를 때예요. 당신의 용기로 절망에 빠진 지구인들을 구해줘야 해요."

크리스토퍼는 지구의 영웅답게 민첩한 동작으로 나의 모닝콜을 받았다. 그리고 그가 약속한 일들을 해냈다.

그가 1996년에 휠체어를 타고 아카데미 시상식에 나타났을 때 세계 인들은 진정한 슈퍼맨의 등장에 일제히 일어서서 뜨겁고 긴 박수를 보냈다. 그는 그렇게 스스로 선택한 시련이 옳았다는 것을 증명해 보였다. 그토록 명암대비가 뚜렷한 삶의 드라마가 없었더라면 할 수 없는 일들을 해낸 것이다. 그가 190센티미터의 미남 스포츠맨이 아니었다면, 지구상에서 가장 유명한 영웅을 연기했던 영화배우가 아니었다면 그의 재활 노력이 사람들에게 그토록 큰 희망의 메시지를 주지는 못했을 테니까. 그는 결국 천국의 계약서에 사인을 했던 그대로 영웅을 기다리는 지구인들을 안고 두 번 하늘 높이 솟구쳤던 것이다.

Rob 우리가 사람들을 위해서 지원 팀을 짜고 우연이라고 보이는 기회들을 마련하기는 하지만 이따금씩 예상치 못했던 사람들이 뜻하지 않은 방식으로 우리 계획을 도와주기도 한답니다. 바로 오늘처럼요. 그리고 오늘의 그 뜻밖의 지원군은 멀리 페루에서부터 날아와주었어요. 일레인의 여동생 지나였습니다. 언니의 사고 소식을 듣고 한달음에 달려온 것이지요. 그녀는 한 손에는 활짝 핀 해바라기꽃 한 다발을, 다른 한 손에는 세 살 된 딸 카트린의 손을 잡고 병실 문을 열고 들어왔습니다.

"일레인 이모!" 어린 카트린은 침대를 향해 뛰어왔지요. 사고가 난 뒤 처음으로 일레인의 얼굴에 옅은 화색이 돌며 아이의 곱슬곱슬한 빨강 머리를 쓰다듬는 것이 보였습니다. 하지만 그 짧은 포옹의 순간은 잠시, 자매의 사이에는 오랫동안 어둡고 무거운 강이 흘렀습니다. 눈물이 그렁그렁한 눈으로 자신의 구두코만 바라보고 있는 지나와 침대보가 푹 꺼진 자신의 발치를 묵묵히 지켜보고 있는 일레인의 가슴에서 흘러나온 강이었지요.

그렇게 눈물과 침통함이 범벅이 된 시간을 한참 흘려보낸 뒤였어요. 지나가 침묵을 견디다 못해 짐짓 쾌활한 목소리로 말을 꺼냈지요.

"카트린이 이모를 보러 가자고 어찌나 조르던지 말이야! 아기 때부터 언니가 정말 귀여워해줬잖아. 아니 그런데 얘가 어디 갔지? 카트린, 카트린!"

엄마가 부르는 소리에 아이가 대답한 곳은 병실의 작은 칸막이 뒤였어요.

"여기 있어요, 엄마!"

아이는 벗겨서 돌돌 말아놓은 침대 시트를 도화지 삼아 엄마가 물병에 꽂아놓은 해바라기를 그리며 놀고 있었던 거지요.

"아니, 얘가! 침대보에 크레용으로 낙서를 하면 어떻게 해!"

지나는 큰 소리로 아이를 꾸짖었고 카트린은 금세 울먹울먹한 얼굴이 되었어요. "이모에게 잘못했다고 사과해, 네가 직접!" 그녀는 이참에 아이의

버릇을 고쳐주려는 듯 짐짓 엄한 얼굴로 아이의 등을 떠밀더군요. 세 살배기 카트린이 자신이 온통 크레용으로 칠해놓은 침대보를 들고 주춤주춤 일레인 곁으로 와 사과하기 시작했어요. "일레인 이모, 미안해! 내가 이모 침대보에 낙서를 하고 놀았어……."

상냥한 일레인은 아이의 마음을 달래주려고 부드러운 목소리로 말했지요. "오, 카트린이 날 위해서 그림을 그려주었구나! 어디 봐, 정말 근사한데?"

그녀가 그림을 감상하는 척하려고 해바라기가 그려진 침대보를 눈앞에 펼쳐든 순간이었어요. 반짝! 섬광 같은 빛이 그녀의 얼굴에 스쳐 지나가는 것이 보였지요.

"이봐, 콜!! 빨리 전화를 걸어, 지금이야!"

콜은 빛보다도 빠르게 그녀의 심장에 연결된 버튼을 눌렀어요. 따르르르릉!

"일레인! 당신이 한 약속 기억해요? 지금부터 당신의 진짜 삶이 시작되는 거예요. 내 목소리가 들려요? 당신이 부탁한 그때가 왔어요, 어서 붓을 들고 그림을 그려요!"

콜이 그토록 간절한 목소리로 모닝콜을 하는 것은 들어본 적이 없어요. 그는 저 아름다운 인간이 애틋한 게지요. 콜은 천사치고 너무 감상적인 구석이 있어서 늘 걱정입니다.

아! 드디어 그녀의 심장이 콜의 목소리를 들은 모양입니다. 일레인은 온몸에 전율이 흐르는 듯 해바라기가 그려진 침대보를 움켜쥔 채 넋이 나간 표정이 되었지요. 사람들이 모닝콜을 받은 순간의 그 모습을 저는 정말 좋아합니다. 빛으로 가득 찬 텅 빈 컵처럼 아름답고 신비로운 표정.

"언니, 왜 그래? 몸이 안 좋아?"

지나가 걱정스러운 듯 그녀의 어깨를 흔들었을 때가 되어서야 그녀는 정신을 차린 듯했어요. "아, 아니야…… 그냥 무언가가 문득 생각났어."

"무슨 생각?"

"어떤 이야기 같은 것…… 누가 내 심장에 대고 굉장한 비밀을 이야기해주는 것 같은 소리, 너는 들은 적 없니?"

지나는 피식 웃으며 그녀의 이불깃을 여며주었지요.

"언니가 생각을 너무 많이 해서 그래……."

사람들은 참 얼버무리기 편리한 말들을 많이 갖고 있어요. 그렇지 않나요?

하지만 지나가 카트린과 함께 병실을 떠난 후에도 일레인은 잊어버린 기억의 장막을 부여잡듯 오렌지색과 초록색으로 칠해진 침대보를 손에서 놓지 못하고 오래도록 바라보고 있었지요.

어라? 콜 녀석, 눈물을 흘리고 있네요. 그녀가 드디어 그의 전화를 받은 셈입니다! 일단 한 번 마음을 열어서 그 벨소리를 듣고 나면 그 다음은 쉽지요. 콜은 당분간 그녀에게 매순간 전화를 걸 것 같네요.

신의 꿈이 무엇이든,
인간이 협조하지 않으면
그 꿈은 실현될 수 없다.

스텔라 테릴 만

🅡🅞🅑 저와 머리를 맞대고 아무리 근사한 시나리오를 써도, 배우가 일단 무대에서 마음이 바뀌어버리면 아무 소용이 없지요. 지금까지 두고두고 사람들의 입에 오르내리는 멋진 삶, 책으로 엮어지고, 영화로 만들어져 사람들에게 영감을 주는 삶은 이 삼박자가 딱 맞아 떨어진 경우라고 볼 수 있어요. 멋진 시나리오, 정확한 모닝콜, 배우(삶의 주인공)의 완벽한 연기.

흠…… 저의 최근작 중 개인적으로 가장 마음에 드는 작품 이야기를 해드릴까요?

1883년 프랑스에서 태어나기로 선택한 가브리엘이라는 소녀 이야기입니다. 그녀의 어린 시절은 보잘것없었어요. 지독히 가난한 집에서 태어난 환영받지 못한 계집아이. 제대로 보살핌을 받지 못했던 그녀는 어릴 때부터 병약했고 그나마 12살엔 어머니를 잃고 말지요. 불친절한 친척들은 가브리엘을 수녀원에서 운영하는 고아원에 맡겨버립니다. 그곳에서 부엌 허드렛일과 바느질을 배우면서 그녀는 첫번째 모닝콜을 받기로 되어 있었습니다. 어느 쌀쌀한 저녁이었지요. 따르르르릉!

"가브리엘, 가브리엘! 네가 약속한 삶을 시작할 때야, 생각나니?"

그때 그 가냘픈 소녀는 수녀원의 구석진 방에서 손가락을 찔리며 수녀복을 꿰매고 있었습니다. 외로움과 서글픔으로 훌쩍거리면서 말이지요. 문득 심장 한가운데를 울리는 그 소리에 가브리엘은 깜짝 놀라 주위를 두리번거렸습니다.

"네가 늘 꿈꿨던 삶이 있잖아. 눈물을 닦고 네가 손에 뭘 쥐고 있는지 봐! 그게 널 네가 원하는 그곳으로 데려다 줄 거야!"

그녀는 마법에 걸린 비둘기처럼 자신의 손에 쥐고 있던 바늘과 낡은 수녀복을 바라보았습니다. 그 순간 그녀의 가슴속 작은 기억의 창을 뚫고 찬란한 빛이 쏟아져 들어오기 시작했습니다. 그 빛 속에서 바라보는 세상은 이미 예전의 그것이 아니지요. 그 모든 것들이 얼마나 눈 깜짝할 사이에 변하는지! 지긋지긋한 허드렛일거리로 가브리엘의 무릎 위에 쌓여 있던 낡은 수녀복들도 그랬습니다. 까마귀같이 검은 바탕에 둘러진 새하얀 테두리, 그 블랙과 화이트의 심플하면서도 짜릿한 배합이 백조처럼 날아올라 천재 디자이너의 기억을 단숨에 되돌려주었던 것이지요. 소녀는 그 자리에서 일어서 이미 어둑해진 스테인드글라스에 비친 자신의 모습을 보았습니다. 그리고 기억해냈습니다. 그 모습은 분명 15년 전 이곳 영화관에서 보았던 그 다큐멘터리 속, 아직은 아무도 모르는 세기의 디자이너의 모습이었습니다.

다음 순간, 그녀는 이미 신들린 듯 가위를 움직이고 있었습니다. 가브리엘은 그녀의 첫 작품 소재가 된 수녀복을 잘라 자신의 몸에 이리저리 휘감고, 꿰매고, 찢으면서 부르짖었습니다.

"난 옷을 만들 거야! 그리고 세상에서 제일 멋진 옷을 제일 먼저 입은 여자가 될 거야!"

그 부르짖음은 그녀를 위해서도, 당신을 위해서도 참 고맙기 그지없는 한 마디였지요. 그 한 마디가 없었더라면 당신은 아직까지도 바닥의 먼지를 고스란히 쓸고 다니는 드레스 차림에 갈비뼈가 으스러지도록 코르셋을 조이고 다녀야 했을지도 모르니까요.

여성의 옷을 최초로 무릎 길이까지 자르고, 코르셋을 불태워버리고, 어깨에 걸 수 있는 숄더백을 만들어낸 이 소녀를 당신들은 아마 코코 샤넬이라는 이름으로 기억하고 있을 겁니다.

아담하지만 관능적인 몸 안에 열정이 불타올랐던 그녀는 세상으로 나가기 전, 내 앞에 서서 혁명가가 되고 싶다고 했었지요. 우리들은 세상을 변화시킬 수 있는 여러 가지 방법들에 대해 밤새 이야기를 나눴어요. 쿠데타, 유전공학, 문학, 사회운동, 정치…… 그녀는 그중에서 우리가 '패션'에 대해 이야기할 때 유독 눈을 반짝였습니다. 제가 보기에도 그녀의 천부적인 미적 감각과 표현 능력이 딱 맞는 옷걸이를 찾은 듯이 보였지요. 그녀는 황금칼을 손에 쥔 기사처럼 내게 말했답니다.

"롭! 결정했어요. 나는 패션으로 세계를 바꾸는 혁명가가 되겠어요!"

전장으로 향하던 잔 다르크도 아마 그녀만큼 결연한 얼굴로 말하지는 못했을 겁니다.

콜이 이미 말씀드렸는지는 모르겠지만 우리의 첫번째 콜에 응답하는 것은 여러 모로 아주 유리하지요. 우리가 준비했던 가장 근사한 대본대로 일을 착착 진행시킬 수가 있으니까요. 가브리엘의 경우는 완벽했습니다! 그녀는 추호의 의심도, 흔들림도 없이 예정했던 사람들을 만나고, 예정했던 일을 했습니다. 그래서 우리도 '꿈만 같은' 일들을 그녀 앞에 차례로 놓아줄 수 있었지요.

혹시 주위에 얄밉도록 항상 운이 좋거나, 위기 속에서도 더 큰 성공을 거머쥐거나, 어느 날 덜컥 뜻하지 않은 유산을 물려받은 사람이 있나요? 그들은 첫번째 모닝콜을 따라 살아가는 사람들이라고 보면 됩니다. 거의 틀림이 없지요. 당신들이 계획한 삶은 원래 그렇게 운 좋고, 드라마틱하고,

근사한 것이었습니다. 성공한 사람들 아무에게나 한 번 물어보십시오. 그들은 자신들이 얼마나 불굴의 투지로 싸워왔는가보다 지금까지 어떠한 행운들을 징검다리처럼 밟고 왔는지를 당신에게 이야기해줄 겁니다.

가브리엘에게도 동화에나 나올 법한 일들이 줄지어 일어납니다. 부유한 귀족 에티엔 발상은 깡마른 수녀원의 고아 소녀를 자신의 호화스러운 별장으로 데려가 상류층의 우아함과 기품을 가르칩니다. 가브리엘은 물론 스펀지처럼 자신에게 필요한 그 자양분을 빨아들이지요. 그녀는 단 한 번도 '이건 나에게 너무 과분해. 이 꿈은 곧 깨지고 말 거야. 내 분수에 맞는 삶을 찾아야 해'라고 말하지 않았어요. 그녀는 자신이 들고 내려온 대본을 완벽하게 기억해냈기 때문에 자신의 몫을 당당하게 받았고, 요구했습니다.

그녀가 멋진 숙녀로 성장하자 이번에는 아서 카펠이라는 후원자가 기다렸다는 듯이 나타나지요. 그는 아직 디자이너 견습생에 불과했던 가브리엘을 위해 그 당시 파리의 가장 번화한 캉봉 거리에 부티크를 열어줍니다. 물론 그때에도 가브리엘은 타고난 황녀처럼 고개를 빳빳이 치켜들고 있었지요.

흔들림 없이, 망설임 없이 그녀는 스스로 선택했던 대로 세계 정상을 향해 미끄러지듯 똑바로 나아갑니다.

아아, 가브리엘! 모든 사람들이 그녀와 같다면 우리는 얼마나 행복한 천사들일까요!

그녀는 마치 연인들이 대화하듯이 단 한 번도 빠짐 없이 우리의 콜에 응답하고, 열렬하게 반응했답니다. 세계의 모든 인류가 그녀의 스타일을 입고, 전설적인 사진작가들이 앞다투어 그녀의 모습을 담아낼 때까지 말입니다.

물론 모두가 가브리엘처럼 운이 좋은 것은 아닙니다. 아니, 기억력이 좋은 것은 아닙니다. 앞에서 미리 말씀드렸지만, 애를 써도 되지 않는 일들이라는 게 분명히 있습니다. 당신들이 태어나기로 선택한 그곳은 노력만 한다면 무엇이든 손에 넣을 수 있는 별이 아니지요. 중요한 것은 노력을 하느냐 하지 않느냐가 아니라 무엇을 향해 노력하느냐입니다. 스스로 선택한 길이 아닌, 전혀 엉뚱한 길을 걷고 있는 사람은 대본 없이 무대에 선 배우와 같습니다. 막막하고 힘이 들지요. 물론 당신을 위해 뜻하지 않은 우연들과 행운들을 끌어들여 무대 장치를 준비해줘야 할 지원 팀도 보이지 않아요. 당신은 맞닥뜨리는 모든 상황들이 낯설어 자주 한숨을 쉬고 잠을 못 이룹니다. 하지만 가엾은 당신의 지원 팀들도 다른 곳에서 한숨을 쉬고 있다는 사실을 기억해주셨으면 해요. 주인 없는 생일 파티를 준비하는 심정일 겁니다, 아마도.

그 막막하고 낯선 무대 위에서, 끊임없이 울려대는 모닝콜의 벨소리를 애써 무시하면서, 쉽게 풀리는 일이라고는 하나도 없는 울퉁불퉁한 길을 건너, 어마어마한 눈물과 땀을 쏟으며 혼자 힘으로 싸워, 결국 주위에서 기대하는 성공을 거머쥐었다 해도 그는 행복해지지가 않지요. 사람들은 민감해서 금방 알아채거든요. 지금 손에 쥔 것이 자신이 진정 원하던 '그것'이 아니라는 걸.

가브리엘처럼 '천재'라거나 '행운아'라고 불리는 사람들은 그저 다른 사람들보다 조금 더 기억력이 좋을 뿐이랍니다.

Rob ▶ 갈릴레오 갈릴레이가 죽은 지 꼭 300년이 지난 어느 날, 인류에게 또 한 번의 커다란 선물을 주고 싶다는 한 영혼이 지구로 떠났지요. 맞아요. 스티븐 호킹입니다. 그는 네 살 때 이미 우리의 첫번째 콜을 받기로 예정되어 있었습니다. 이건 조금 이례적인 일입니다. 보통 빨라도 청소년기, 아니면 성인이 된 뒤에 모닝콜을 부탁하거든요. 하지만 우리는 이런 예외를 받아들이기로 했습니다. 아무리 천재라도 그가 이루어낼 업적은 아주 어릴 때부터 준비 기간을 거치지 않고서는 불가능한, 굉장한 것이었으니까요.

따르르르릉! 옅은 금발의 귀여운 소년은 집 마당에서 흙을 만지며 놀다가 콜의 전화 벨소리를 듣습니다. 아이들은 순수하기 때문에 의심하는 법이 없지요. 그 새 도화지 같은 마음에 말을 거는 일은 언제나 두근거릴 만큼 황홀합니다. 따르르르릉!

"스티븐! 세상은 참 신기한 것투성이야, 그렇지? 하지만 네가 놀고 있는 이곳뿐만 아니라 더 넓은 세상, 우주라는 놀이터도 있단다! 그 비밀을 캐어

보고 싶지 않니?"

 아이는 호기심과 즐거움에 뒤범벅이 되어 스프링처럼 튀어올랐지요. '우주'라는 커다란 놀이공원 입구에 선 아이처럼요. 그뒤 이야기는 당신도 아실 겁니다. 아이는 어찌나 총명하던지 그 단 한 번의 전화 뒤 우리는 아무 일도 할 필요가 없었습니다. 그는 스무 살도 되기 전에 세계에서 가장 촉망받는 물리학의 총아로 떠오르지요. 게다가 그는 보기에도 멋졌습니다! 긴 금발을 휘날리는 스포츠맨이기도 했지요. 그가 반짝이는 강 물살을 가르며 조정 경기에서 우승컵을 거머쥐는 순간에는 대학의 모든 여학생들이 탄성 어린 한숨을 삼켜야 했으니까요. 솔직히 말하면 스스로의 그 총명함과 핸섬함에 도취되어 그는 잠깐 우리와의 계약을 잊은 듯 보일 때도 있었습니다. 하지만 그가 너무나 잘해나가고 있었기 때문에 우리는 느긋하게 팔짱을 끼고 그가 주인공이 된 한 편의 잘 만들어진 영화를 감상하고 있었지요.

그런데 아뿔싸! 결국 스물두 살 무렵, 일이 터지고야 말았습니다. 삶에 취한 나머지 어느 결엔가 자신의 사명을 까맣게 잊고 있었다는 사실이 확실해졌던 거지요. 자신이 선택한 장애, 근육측색경화증이 시작되자 보인 그의 반응은 절망스러웠습니다. 아니, 최악에 가까웠지요. 우리가 믿었던 그 청년은 어이없게도 스스로를 내팽개쳐버렸습니다. 엉망진창으로 술을 마시며 세상을 향해 이를 갈았습니다.

"내 모든 것이 지금 막 시작되려고 하는데, 왜, 왜!"

술집 벽에 쾅쾅 머리를 부딪는 그에게 전화를 걸어본들 부질없는 짓이었지요. 하지만 그것은 명백한 우리의 잘못이기도 했습니다. 첫번째 콜을 울린 이후 틈틈이 확인해야 하는 직무를 게을리 했으니까요. 특히 어린 시절에 모닝콜을 받은 사람의 경우에는 더욱더 확인이 중요하다는 사실을 알고 있으면서도 말입니다. 우리는 황급히 비상 회의를 소집하고 그에게 두번째 모닝콜을 걸 기회를 살폈지요.

비가 좍좍 쏟아지던 그 밤도 스티븐은 술을 마시고 있었습니다. 술병을 쥔 오른손의 감각은 이미 조금씩 희미해져가고 있던 때였지요. 아무것도 하지 않고 그 자리에서 술만을 마신 지가 벌써 3일째 되던 날입니다. 보다 못한 술집 주인마저 그를 쫓아내버려, 우리의 주인공은 비 오는 공원의 벤치 위에 부랑아처럼 널브러져 있었습니다. 몸은 비에 흠뻑 젖고, 횡설수설 삶에 저주를 퍼붓다가 깜박 잠이 들고 말았지요.

그가 눈을 떴을 때, 어느덧 비는 말끔히 개어 있었고 씻은 하늘엔 별들이 봄날의 벚꽃처럼 흐드러지게 매달려 있었습니다. 아직 알코올에 젖은 그의 눈 속에서 한 순간 빛나는 기억이 스쳐 지나가는 듯했습니다. 그 황홀한 우주의 두루마리가 펼쳐지는 순간을 놓치지 않고 우리는 전화를 걸었지요. 따르르르릉!

"스티븐! 스티븐! 우리 목소리가 들려요? 아니, 별들의 목소리가 들려요? 당신을 기다리고 있는 우주의 신비가 부르는 소리 말이에요! 약속을 기억해봐요! 당신은 인류에게 큰 선물을 하기 위해 태어났어요!"

모래로 장난을 치던 세 살배기 스티븐이 스프링처럼 튀어올랐던 때와 똑같이 그 밤, 스물두 살의 청년 스티븐은 벤치 위에서 날 듯이 일어섰답니다. 이것이 스티븐이 남은 일생 동안 두 다리로 뛰어오른 마지막 점프가 되었습니다. 하지만 그것은 우주의 비밀을 향해 뛰어올랐던 첫번째 점프이기도 했지요. 그 모습에 우리 천사 팀은 모두 가슴을 쓸어내리며 안도의 한숨을 내쉬었지요.

뉴턴과 아인슈타인의 뒤를 잇겠다는 그의 약속은 이렇게 지켜질 수 있었답니다.

자신의 모습이
스크린 가득 영사되는
광경을 꿈꾸지 않고
배우가 된 사람은 없다.

알 파치노

🔴 사람들이 너무 바빠서 내가 전화 걸 틈을 주질 않는다고 선배님들께 하소연을 하긴 해도, 사실 난 바쁜 사람들을 좋아한다. 그들은 적어도 활기에 차 있다. 늘 팽팽하게 무언가를 향해 움직일 준비가 되어 있다. 그래서 의외로 바쁜 사람일수록 나의 모닝콜에도 즉각 행동으로 응답하는 경우가 많다. 내가 틈만 잘 노려 전화를 걸면 그들은 기꺼이 약속들을 기억해낸다. 그리고 그 약속을 지킬 시간을 용케 짜낸다. 뭐, 어차피 바쁜 거니까.

문제는 외로운 사람들이다.

요코하마의 대학에서 생물학을 전공하고, 졸업 후 별 직업 없이 주차장에서 아르바이트를 하던 히로시는 스물여섯 살에 스스로 자폐증에 걸렸다. 26년 전, 이곳 천국의 문을 나서기 전, 멸종해가는 돌고래들을 구하러 가겠다고 녹인 다이아몬드로 서명을 했던 사람이 바로 히로시였다. "제가 대학을 졸업하고 나서 한 이 년쯤 사회 경력도 쌓고 우정도 한껏 경험하고 슬픔과 기쁨을 알 만한 나이가 된 뒤 모닝콜을 해주세요. 그래요, 제가 스물일곱 살이 되는 해 봄, 4월 1일이 좋겠네요! 그날 제게 일깨워주세요. '이제 돌고래들을 구하러 갈 때야!'라구요."

하지만 거듭 거듭 내게 당부하며 씩씩하게 세상을 향한 문을 열고 나갔던 그 히로시는 어디에도 없었다. 내가 그 시간이 되어 전화를 걸려고 했을 때, 그는 이미 일 년 넘게 외톨이 선언을 하고 방안에 틀어박힌 채 딴 사람이 되어 있었다. 나는 허물어지듯 혼잣말을 했다. "아아, 히로시, 스스로에게 무슨 짓을 한 거야!"

코디네이터 천사가 정성껏 빚어낸 그의 모습들은 형편없이 망가져 있었다. 살짝 덧니를 보이며 웃던 쿨한 얼굴도, 돌고래처럼 매끈하게 근육이 잡힌 탄탄한 몸매도 찾아볼 길이 없었다. 그의 눈빛은 잡초처럼 자라나 헝클어진 머리카락 속에서 길을 잃고 헤매고 있었다. 나는 전화기를 움켜쥔 채 부르짖듯 외쳤다.

"이것 봐, 약속과 다르잖아! 너는 지금 거기 있으면 안 되는 거잖아!"

Rob 히로시라면 저도 기억하고 있습니다. 보기 드물게 멋진 청년이었죠. 그를 세상에 내보내고 난 뒤, 우리 팀은 스스로의 작품에 흡족한 나머지 한동안 우쭐하게 지낼 정도였으니까요.

그런데 드디어 약속한 날인 오늘, 새벽부터 콜은 침통한 얼굴로 안절부절못하며 수화기를 들 엄두도 못 내고 있네요. 전화를 받아야 하는 이의 마음속에서 도저히 빛의 가닥을 감지해낼 수가 없는 겁니다. 그럴 때가 모닝콜 담당 천사로서는 가장 견디기 힘든 순간입니다. 히로시는 우울의 늪에 깊이 빠져버린 거지요.

그에게 무슨 일이 일어났는지는 아무도 모릅니다. 튜브에서 공기가 빠지듯 조금씩 삶의 활기가 몸에서 빠져나가는 이 지독한 현대 병은 이따금씩 아무런 이유 없이도 찾아드니까요. 하지만 히로시의 경우는 저로서도 조금 충격입니다. 그가 대학을 졸업할 무렵부터였을 겁니다. 부쩍 말수가 적어지고 종종 혼자 밥을 먹곤 하기 시작했던 것이. 하지만 우리는 크게 신경

쓰지 않았죠. 그는 상냥한 부모님 밑에서 그늘 없이 자라났고 전공도 자신의 사명에 꼭 맞는 학과를 선택해서 열심히 공부하고 있었으니까요. 졸업 후 서서히 모든 걸 귀찮아하기 시작하더니, 말다툼 한 번 하지 않았던 귀여운 여자친구와도 헤어지고 말았지요. 회사 면접은 아예 포기한 채, 차를 닦는 아르바이트를 할 때만 해도 저는 그가 언젠가 훌훌 털고 일어설 줄 알았습니다. 하지만 제 예상은 보기 좋게 빗나가, 히로시는 무기력한 기분에 점점 자리를 내어주고 말더군요.

🔸 가슴 뛰는 계획을 가진 근사한 영혼들이 우울에게 덜미를 잡혀버리면, 나는 친한 친구를 빼앗긴 듯 쓸쓸함에 비틀거린다.

계곡의 물소리보다 큰 소리로 웃던 나의 인디언 친구 '창백한 반달'도 그런 식으로 나를 떠났다. 그녀는 부족에서 가장 춤을 잘 추는 여인이었다. 탕, 탕, 맨발로 붉은 땅을 구르며 하늘을 향해 기다란 팔을 휘젓는 그녀의 춤을 보고 있노라면 가슴에 쌓인 먼지들이 툭툭 털려나가는 듯 기분이 좋아졌다. 그녀는 열다섯 살에 나의 모닝콜을 받고 지금의 남편과 결혼을 했다. 그 둘은 서로를 만나 부부로 살기 위해 삶을 선택한 사람들이었다. 그들의 사명은 단순하고 유쾌했다. 한 쌍의 들사슴처럼 맺어져 작은 마을에서 일곱 명의 아이를 갖는 것. 그리고 모든 것은 돛을 단 듯 순조로웠다.

그런데 둘째 아기를 낳고 난 어느 날부터 창백한 반달은 춤추기를 멈추었다. 그리고 세상의 모든 것들을 걱정하기 시작했다. 마치 걱정을 하기 위해 태어난 사람 같았다. 그녀의 우울은 지금까지 완벽했던 그녀의 남편의 시나리오마저 뒤흔들어놓고 말았다. 그것은 예정에 없던 일이었다.

"다시 한번 너의 춤을 보여줘. 시원스럽게 깔깔깔 웃으면서, 이 세상에 걱정거리 따윈 없다고 말해줘!" 남편은 안타깝게 그녀의 어깨를 흔들었지만 깊이 가라앉아버린 그녀의 웃음은 좀처럼 떠올라주지 않았다. 창백한 반달은 이제 남편이 강가에서 낚아온 싱싱한 연어를 바라보면서도 한숨을 내쉰다. 어떤 것도 그녀를 기쁘게 하지 못한다.

기쁨이 없는 마음에는 내가 전화를 걸어도 그 벨소리가 들리지 않는다. 나의 모닝콜은 마음속 '한 가닥 희망'을 타고 울리기 때문이다. 마지막까지 환하게 빛나는 그 전화선이 없으면 그 사람은 천국과 통화 불능지역에 있는 것이다.

Rob 이 곳에서 당신들의 지구를 바라보면 뿌옇습니다. 잿빛 안개 같은 것이 한 사람 한 사람을 감싸고 있어서요. 그 두께는 제각각이지만 말입니다. 누군지조차 알아볼 수 없을 정도로 칭칭, 두껍게 온몸을 감싸고 있는 사람도 있고, 아주 옅은 베일처럼 살짝만 두르고 있는 사람도 있어요. 그 안개의 입자는 미세한 '걱정'의 가루들입니다. 그래서 우리는 지구를 '걱정하는 별'이라고 부르지요. 가끔씩 사람들이 "걱정거리 없이 한번 살아보고 싶어!"라고 말하는 소리를 듣지만 그건 새빨간 거짓말이란 걸 우린 오래전부터 알고 있답니다. 걱정이란 의외로 퍽 편리하거든요. 새로운 세계로 발을 디뎌야 할 때, 스스로 원했던 도전이 눈앞에 있을 때, 혹은 믿을 수 없을 정도로 큰 행운이 덜컥 찾아왔을 때도 사람들은 마치 보호색처럼 뭉게뭉게 걱정의 안개를 피워올리지요. 그리고 그 속으로 숨어버립니다. 지금까지 쓸데없는 걱정 때문에 놓쳐버린 기회들을 생각해보세요. 그것들은 생각보다 멋진 삶을 당신에게 줄 수 있었답니다.

"일어나! 너는 손을 뻗기만 하면 돼! 걱정하지 말고 원하는 것을 가져!"

천사 팀은 그때마다 목이 쉬도록 소리를 지르지만, '걱정하는 별'에 익숙해진 사람들은 의외로 기적과 행운을 교통사고만큼이나 두려워하더군요.

하지만 걱정하기 전에 잠깐 이 사실을 기억해주시겠습니까?

그 걱정의 두꺼운 안개는 천국에서 파견한 지원 팀들조차 당신을 찾을 수 없도록 꼭꼭 숨겨버린다는 것을요.

걱정만큼 쓸데없는 인류의 발명품은 아마 없을 겁니다. 대천사의 날개를 걸고 맹세하지요. 지금껏 열심히 걱정해서 해결한 문젯거리가 하나라도 있던가요? 그런데도 무슨 유행병처럼 지구를 가득 채우고 있는 뿌연 걱정의 안개들을 보면 정말 걱정입니다. 그 안갯속에서 헤매다 보면 누구라도 길을 잃고 말 테니까요.

왜 언제나 가장 근사한 아이디어는 목욕탕이나 화장실, 침대 위에서 퍼뜩 떠오를까요? "왜 꼭 노트와 펜이 없는 때만 골라서 좋은 생각들이 떠오르는 거야!"라고 불평한다는 것을 압니다. 하지만 그건 당신을 골탕 먹이려는 뇌의 장난이 아니에요. 단지 보송보송한 이불 속으로 파고들 때, 따뜻한 물줄기로 온몸을 적시고 있을 때는 걱정과 생각들이 잠시 당신의 심장을 움켜쥐고 있던 손을 놓기 때문입니다. 그리고 그 순간에 우리는 전화를 걸어 당신에게 약속한 아이디어를 줄 수가 있기 때문이지요. 그뿐이에요.

용기를 가지세요! 걱정하고 싶은 충동을 참는 용기 말입니다. 모두가 걱정을 하더라도 함께 그 안갯속으로 걸어 들어가지 마세요. 그들은 어떻게 해서든 당신의 손을 잡아끌고 싶어할 것입니다. 그때 용기를 내어서 그 '걱정의 유혹'을 뿌리치는 것이지요. 당신의 모습이 어디서든 또렷이 보이도록, 천국의 지원 팀들이 한눈에 당신을 알아볼 수 있도록 마음을 환하게 가지는 겁니다. 그러면 그들은 반드시 당신을 찾아냅니다. 우리도 마음 놓고 당신에게 전화를 걸 수 있지요.

이 작전은 한 번도 실패한 적이 없답니다.

그러니까 걱정하지 마세요. 어느 날 고속도로를 달리거나 샤워를 할 때 예고 없이 '번쩍' 하고 당신의 삶을 비춰줄 아이디어가 떠오를 겁니다.

지금 제 이야기를 듣는 당신은 무얼 하고 계신가요? 역시 걱정을 하고 있었군요. 그렇지요? 한 순간만 살그머니 그 걱정을 내려놓아보세요. 제가 당신이 예약하고 내려간 시나리오 한 토막을 읽어드릴 테니. 그럼 모든 게 기억이 날 겁니다.

 그리고 약속하지만 지금 당신이 걱정하는 것만큼 나쁜 일은 당신 삶에서 절대로 일어나지 않는답니다. 오히려 얼마 지나지 않아 "그 많던 내 걱정들이 다 어디로 갔지?"라고 의아해하며 웃고 있을 겁니다. '설마……' 라고요? 우리가 함께 만들었던 당신의 시나리오를 지금 제 손에 들고 드리는 말씀입니다. 그러니까 샤워라도 하면서 느긋하게 우리의 전화를 기다리세요. 우리가 보낸 지원 팀들이 당신을 한눈에 찾아낼 수 있도록 해주세요. 쓸데없는 걱정의 안개로 몸을 감싸지만 않으면 됩니다. 지금은 상상조차 할 수 없을 만큼 새롭고 즐거운 일들이 줄줄이 당신 앞에 펼쳐질 테니.

틀림없이 그래요.
나이 든 천사의 말은 믿으셔도 됩니다.

직관이 우리를 이끌게 하고
직감이 이끄는 대로
두려움 없이 따라가야 한다.

샥티 거웨인

Call 이따금씩 내게 자신의 작품을 맡기고 세상으로 내려가는 사람들도 있다. 천사들도 눈물을 흘릴 만큼 아름다운 시나 그림, 문명의 흐름을 바꿀 발명품, 백만 달러를 벌어들일 기막힌 기획안, 혹은 영혼을 뒤흔드는 노래……

'작은 영혼' 시절부터 예술가였던 그들은 혹시라도 자신이 살아가는 동안 그 불후의 명작을 잊어버리고 기억해내지 못할까봐 안절부절못하다가 결국 내 손에 쥐어주는 것이다.

"이것 봐, 콜. 이게 오페라 〈나비부인〉의 악보야. 내가 음악가로서 무르익어 46세쯤 될 무렵, 잊지 말고 이 곡을 내 귀에 대고 흥얼거려주게. 몇 번이고, 몇 번이고! 나는 도무지 이 아름다운 오페라의 전곡을 기억해낼 자신이 없어서 말이야. 해줄 수 있겠지?"

푸치니는 내게 이렇게 당부했다. 그는 자신이 사는 동안 써낼 거의 모든 곡들을 외워서 떠났지만 가장 마음에 드는 그 작품만은 아무래도 마음이 놓이지 않았던 모양이다. 하지만 그때가 되어 〈나비부인〉이 크나큰 성공을 거두고 나자 "이 작품은 나의 것이 아닙니다. 나는 이 곡을 받아적기만 했습니다. 어느 날 천상의 멜로디가 나를 통해 흘렀어요"라고 푸치니가 말하는 것을 듣고 나는 조용히 웃어야 했다. 천재들의 이런 작은 착각은 종종 일어난다. 밀턴은 『실락원』을 쓰고 난 뒤 말했다. "내겐 천상의 후원자가 있다. 내가 한 번도 마음에 떠올려본 적 없는 시구가 통째로 떠오른다." 물론 그 후원자는 그의 작품을 읽어준 나였다. 괴테도 "나는 노래를 만들지 않는다. 노래가 나를 만든다"라는 말을 한 적이 있다.

 이런 예술가들을 위해서 모닝콜 담당 천사들은 잠시도 게으름을 부릴 틈이 없다. 틈틈이 노래도 불러야 하고, 시도 읊어야 하고, 때론 악기도 연주해야 한다. 예술가들의 부탁을 받는 일은 나로서는 기쁜 일이다. 그림을 그리거나 노래를 부르는 것은 내가 가장 좋아하는 일이기도 하니까. 하지만 노래라면 질색인 롭 선배님은 그들의 부탁을 어떻게 들어주셨을까?

내가 개인적으로 가장 마음에 드는 최근의 작품은 밥 겔도프의 노래다. 20년 전 겨울 밤, 나는 택시를 타고 달리는 그의 귀에 대고 이 노래를 불렀었다.

It's Christmas time 크리스마스엔,
There's no need to be afraid 우린 무엇도 두렵지 않아.
At Christmas time, 크리스마스가 오면,
We let in light and we banish shade 우린 빛을 밝히고 어둠을 쫓아내지

밴드 에이드, 〈Do they know it's Christmas time?〉 중에서

아, 얼마나 가슴이 트이는 가사인지! 나는 그와 약속한 이 시간이 오기 훨씬 전부터 몇 번이고 몇 번이고 혼자 연습 삼아 부를 정도로 이 노래에 홀딱 반해 있었다.

밥은 노래로 세상을 따뜻하게 하고 싶어했던 영혼이었다. 그는 유난히 아프리카 이디오피아의 참혹한 현실에 가슴 아파했다. 런던 밤거리를 밝히는 크리스마스 전등이 휘황할수록 그의 고민은 깊어만 갔다.

'내 힘으로 그들에게 따뜻한 음식과 담요를 줄 수 있는 방법이 없을까?'

그의 열망이 가장 간절해졌던 그날 밤, 나는 그에게 전화를 걸기로 되어 있었다.

내가 수화기를 들던 순간 밥은 잔뜩 뒤엉킨 머리를 택시 등받이에 기대고 눈 오는 런던의 밤거리를 멍하니 바라보고 있었다. 완벽한 타이밍이었다. 이럴 때 모닝콜을 하기란 식은 죽 먹기다. 나는 느긋하게 목소리를 가다듬고 그의 가슴속에 이 두근두근한 노래를 흥얼거렸다. 아니나 다를까 내가 첫 소절을 미처 끝내기도 전에 밥은 솟구치듯 고개를 들었다. 그 다음 순간 빛보다 빠른 속도로 펜을 찾아 쥐었다. 나는 그때 분명히 보았다. 그의 몸이 낡은 택시 의자에서 둥실, 한 뼘쯤 떠올라 내 노래를 받아적는 것을. 그 두 눈과 손 끝에서 축제 같은 빛이 뿜어져나와, 가엾은 택시 운전사가 몇 번이고 어리둥절한 얼굴로 뒤돌아보는 것을. 그는 순식간에 그 노래를 처음부터 끝까지 기억해냈다. 아예 노래 중간부터는, 밥이 나와 함께 노래를 흥얼거리면서 멜로디를 적어내려갔으니까.

나는 이런 순간이 좋다. 천국의 계획과 사람들의 선한 의도가 딱 맞아떨어져 함께 노래 부르는 순간. 그 기쁜 에너지가 웅장하게 울려퍼져 크고 작은 기적들이 오케스트라처럼 터져나오는 그 순간!

우리가 함께 불렀던 그 노래는 산타클로스의 선물처럼 세계 곳곳으로 배달되었고 앨범은 1천만 장이 넘게 팔려나갔다. 이것은 앨범 발매 역사상 최고의 기록이었다. 물론 돈이 따뜻한 물처럼 커다란 관을 타고 콸콸콸 쏟아져들어와 얼어붙은 아프리카 땅을 적셨다.

밥 겔도프(Bob Geldof) 영국의 뮤지션, 프로듀서. 1984년 아프리카의 기아 난민을 돕기 위한 프로젝트로 밴드 에이드(Band Aid)라는 그룹을 조직, 〈Do they know it's Christmas time?〉 앨범을 발매한다. 듀란듀란, 폴 매카트니, 조지 마이클, 폴 영, 컬처 클럽 등 40여 명의 초호화 뮤지션들이 노래한 이 앨범은 영국 음반 차트에서 5주 연속 1위를 차지했으며 밴드 에이드 재단은 1985년 1월부터 2004년 10월까지 아프리카 전역에 1억 4400만 달러를 기부했다. 이 운동은 이후 미국 뮤지션들의 〈We are the world〉 프로젝트로 이어졌으며 밥 겔도프는 노벨 평화상 후보에 오르기도 했다.

우리에겐 행복한 게으름이나 빈둥거림, 꾸물거림 등이 필요하다.

브렌다 유랜트

Rob 따르르르릉!

 콜의 책상 위에 놓인 전화벨이 울립니다. 그는 하루에도 수백 통씩 전화를 걸지만 정작 모닝콜 담당 천사에게 전화가 걸려오는 일은 아주 드문데 누구일까요? 아, 앨이로군요. 그는 오랫동안 우리 팀의 코디네이터 천사였답니다. 하지만 50년 전에 포상 휴가를 받아 지구로 떠났지요. 그는 그레타 가르보의 뇌쇄적인 눈과 에이브라함 링컨의 움푹 들어간 뺨 위의 턱수염, 오스카 와일드의 우수에 찬 걸음걸이를 디자인한 유명 코디네이터였어요. 사명에 꼭 맞는 외모, 두고두고 기억에 남는 모습을 만들어내면 천사계에서 높은 평가를 받거든요. 그 상으로 그가 가장 원하는 것을 받을 수 있지요. 앨은 오래전부터 인간들의 세상을 경험할 수 있는 몸을 원했습니다.

 이 천국 역사상 최고의 코디네이터가 자기 자신을 위해 과연 어떤 모습을 빚어낼까 모두들 흥미진진하게 지켜보고 있었지요. 그런데 그가 어떤 모습을 골랐는지 아십니까? 땅딸막한 키에 통통한 뱃살, 익살맞고 우렁찬 목소리, 붉은 뺨에 딸기코를 한 우스꽝스러운 모습이었답니다. 우리들은 모두 배를 잡고 웃었지요. "설마 농담이겠지! 왜 좀더 멋진 모습을 선택하지 않아? 네 실력이라면 제임스 딘보다 매력적인 모습도 걸치고 내려갈 수 있잖아!"

우리의 말에 앨은 껄껄껄 웃음을 터뜨렸지요.

"모르는 소리, 이게 가장 행복한 사람의 모습이야! 휴가 복장이라고! 포상 휴가를 즐기기에 딱 적당한 옷이지. 난 지구에 내려가서 영화배우가 되지도 않을 거고 빌딩 속에서 일하지도 않을 거거든. 아이들과 맘껏 웃고, 강아지들과 하루종일 뒹굴고, 모자 없이 들판에 서서 바람을 맞고, 맛있는 소시지를 듬뿍 먹고, 카누를 타고, 노를 젓고, 맥주를 마시고, 싸구려 클럽에서 엉덩이를 흔들며 춤을 출 거라구! 그러니까 이 몸이 딱이야."

아아, 그렇구나. 우리는 모두 고개를 끄덕였지요. 듣고 보니 정말로 그가 휴가 때 입을 그 몸은 잘 놀고, 잘 웃고, 잘 먹기엔 그만인 것 같더군요. 역시 천재 디자이너야!

"사람들은 시나리오를 쓰고 나서 내게 왔을 때, 거의 이렇게 말하지. '눈빛은 우수에 차게 해주시고요, 훤칠한 키에, 목소리는 울림이 있는 바리톤으로 해주시고…….' 사람들은 그런 눈에 띄는 모습이 얼마나 거추장스럽고 불편한지 잘 모르고 그러는 거야. 쓸데없는 장식이 잔뜩 달린 옷을 입은 것처럼 거북스럽기 짝이 없는데 말이야. 그래서 모두에게 시범 삼아 보여주려고. 이런 편안한 복장이 지구에서 행복하게 살기에 얼마나 근사한 모습인지 말이야!"

그리고 그는 콜의 전화선 중 하나를 툭, 제 손으로 뽑아들고 부탁했답니다.

"내가 잊어버릴 리는 없지만, 혹시 내가 휴가중이라는 걸 잊어버리거든 꼭, 몇 번이고 모닝콜을 울려줘! 이를테면 '꼬마 앨! 그렇게 열심히 공부하지 마! 너는 휴가중이란 걸 잊지 마!' 혹은 '청년 앨, 회사에 취직을 하다니 제정신이야? 너는 거기 놀러 간 거라고!'라고 말이야, 알겠지? 하하하……."

그리고는 그 우렁찬 목소리로 아리아를 부르며 세상으로 향한 문을 열고 내려갔답니다.

어찌나 즐겁게 노래를 부르던지 한참 뒤까지 그의 노랫소리가 흥얼흥얼 들려왔지요.

오늘도 그는 아주 신이 난 듯 보입니다.

"하하하, 오늘 내가 뭘 먹었는지 알아? 생선 숯불구이에 푸릇한 시트러스를 꾹 눌러 짜서 포크로 찍어 먹었어! 한입 가득 소금과 레몬과 숯의 연기가 한꺼번에 퍼지는 것을 느끼면서 말이야. 물론 테킬라도 한 잔 곁들여서. 나는 테킬라가 너무너무 좋아. 그걸 투명하고 날씬한 글라스에 담아서 매끌매끌한 그 액체를 한입에 꿀꺽 삼키면 피와 세포들이 흥분해. 노래를 불러. 흔들흔들 몸이 흔들려. 아주 기분이 좋고 웃음이 나와."

그러고 보니 오늘 그의 딸기코가 더욱 유쾌한 색깔로 물들어 있군요. 얼굴이 조금 더 반들반들 윤이 나는 듯도 해요.

"내일은 뭐 할 거냐고? 해랑 놀 거야. 아침 열 시쯤 이불 홑청을 널어서 네 시쯤 걷는 거야. 산토리니의 햇빛이 고스란히 묻어 있는 그 시트에 맨몸을 돌돌 말고 노을이 지는 것을 볼 거야. 사각사각 잘 마른 코튼이 얼마나 달콤한 감촉인지 모르지!"

아직 초보 천사인 콜은 한 번도 몸을 경험해보지 못했기 때문에 '맛'이라든가 '냄새'라던가 '감촉'이라는 느낌을 잘 이해하지 못하겠는지 조금 멍한 표정으로 고개만 끄덕이고 있군요. 그 모습을 보고 앨은 더욱 으쓱해서 떠들어댑니다.

"몸이라는 건 말이야, 디즈니랜드 자유이용권 같은 거야. 이것만 있으면 어디든지 들어갈 수 있고, 뭐든지 탈 수 있고, 뭐든지 느낄 수 있고, 맛볼 수 있고, 껴안을 수 있고, 사랑받을 수 있고, 상처받을 수 있어!"

콜이 이해하기엔 아직 무리이니 그쯤 해두라고 내가 아무리 눈짓을 해도 이 친구, 아랑곳하지 않네요.

"이봐, 콜! 자네도 천사 일 열심히 해. 그럼 언젠가 나처럼 포상 휴가를 받을 수 있어. 그땐 지구로 떠나겠다고 말하는 걸 잊으면 안 돼. 여긴 천국에 사는 천사들은 상상도 할 수 없을 만큼 짜릿한 것투성이라구. 수석천사로 진급하는 것 따위와는 비교도 안 돼. 나는 다시 선택하라고 해도 대천사로 팔천 년을 지내는 것보다 몸을 타고 팔십 년간 지구에서 뒹구는 편을 택하겠어!"

좋은 일이군요.

삶이란 정말 근사한 거군요, 즐기려고만 든다면 말입니다.

만일 제게도 포상 휴가가 주어진다면 앨처럼 몸을 받아서 느껴보고 싶은 것들이 참 많아졌어요. 그중에서도 저는 아이를 키워보고 싶어요. 정말 세상의 아이들이란 얼마나 사랑스러운지! 막 딴 살구처럼 따뜻하고 귀여운 아이에게 젖을 물리고, 품에 안고 함께 잠이 들고, 아이와 함께 시소를 타면서 즐거워하는 행복한 엄마의 몸을 받아서 한 번 살아보고 싶군요.

 그런데 맙소사, 콜의 순진하고 멍한 표정 속에서도 환한 호기심이 피어나기 시작하네요. 별수 없지요. 저 녀석도 어느 날 불쑥 삶을 경험해야겠다고 내게 시나리오를 부탁하러 올 겁니다.

Rob 앨 이야기가 나와서 하는 말입니다만, 그가 지구 위의 삶을 즐기길 원했던 유일한 천사는 아니었지요. 아주 먼 옛날부터 수많은 천사들이 포상 휴가로 삶을 받아 당신들의 땅에서 살다 갔습니다. 사람들의 스토리를 구상하고, 그들의 모습을 디자인하고, 결정적인 순간에 벨을 울리는 일을 오래 하다 보면 누구라도 그 근사한 '삶'이라는 이벤트에 매혹되고 마니까요. 그래서 무대 데뷔를 꿈꾸는 배우 지망생처럼 '언젠가 나도……' 하는 맘을 품게 되지요.

당신들 중에 혹시 천사를 꿈꾸는 사람 있나요? 물론 천국에서의 생활은 온화하고 신성합니다. 하지만 이미 삶을 맛본 당신들에겐 그다지 권하고 싶지 않군요. 기쁨은 폭죽처럼 터져나오고, 분노는 용암처럼 콸콸 흐르고, 눈이 멀도록 무언가를 찾아 헤매고, 슬퍼서 뒹굴면서도 가슴속에 사랑을 놓지 않는, 드라마로 활활 타는 별에서 온 당신들에게는요. 무리일 겁니다. 우리야 적응이 되어 괜찮지만 솔직히 천국의 평화란 놀랄 만큼 따분하니까요.

 나처럼 스토리 담당이었던 한 천사도 늘 삶의 무대에 데뷔를 꿈꾸었지요. 그는 성격이 앨과는 사뭇 달랐습니다. 문학 소년처럼 심약하고 감성적이어서 우리는 너도 나도 그의 '지구 데뷔'를 말리는 쪽이었어요.

 "제정신이야? 그 강렬한 경험들을 어떻게 견디려고 그래? 넌 보나마나 심장이 터져버릴 거야. 삶의 대본을 쓰는 것과 직접 몸을 가지고 삶에 뛰어드는 건 아주 다른 거야. 세상은 네겐 너무 아찔한 곳이야!"

 "그의 말이 맞아. 그냥 수석 천사로 진급하는 쪽을 택하는 게 어때? 공연히 상으로 삶을 받겠다고 우기다가 상처투성이가 되지 말고……."

 우리의 말에 그는 잠시 생각에 잠겼지요. 역시 사려 깊은 천사였습니다. 하지만 끝내 삶의 유혹을 떨쳐내긴 힘들었나 봅니다. 그는 우리에게 상의하듯 조심스레 말했지요.

 "역시, 나, 삶을 받아서 사랑을 해봐야만 하겠어. 하지만 땅 위의 삶을 고스란히 걷다다간 너희 말대로 어딘가가 망가져버릴 거야. 그래서 생각했는데 말이야……."

 그가 스스로를 위해 생각해낸 스토리는 놀라웠습니다. 우리는 모두 무릎을 치며 감탄했지요. 그리고 한편으로는 가슴을 쓸어내리며 안도했답니다.

 그는 살아 있는 동안 천국과 땅의 중간지점, 하늘에서 머물기로 결정했던 겁니다. 앨은? 아, 그때는 아직 앨이 코디네이터 담당으로 일하고 있을 무렵이지요. 그를 위해서 비행사 모자가 꿈처럼 어울리는 둥글고 앳된 얼굴을 디자인해주었지요.

 이것이 생텍쥐페리라는 영원한 소년 이야기의 시작입니다.

Call 언제나 사랑이 문제다. 우리 시나리오의 가장 큰 복병.

일단 인간의 목소리와 폐와 심장과 피부를 갖게 되면, 단 한 명의 예외도 없이, 용맹무쌍한 사무라이의 영혼도 티티새처럼 파닥파닥 날개를 치며, 가장 먼저 사랑을 향해 미끄러져가지 않고는 견디지 못한다. 하지만 의외로 사람들은 이 사실에 코웃음친다. 이곳에서 삶의 시나리오를 구상할 때 '예기치 못한 사랑' 부분을 끼워넣는 사람은 단 한 명도 없는 것이다. 나는 조금 어이가 없다.

'잠깐! 무언가 건너뛰지 않았어? 생의 어느 부분에선가 불쑥 계획에 없던 사랑이 튀어나와 당신의 눈을 멀게 할 텐데, 그땐 어떻게 할 셈이야?' 라고 참견하고 싶은 마음이 굴뚝같다. 돌발 사고에 아무런 대책도 없이 그들은 게임을 시작하려 하는 것이다. 하지만 그랬다가는 롭 선배님께 호된 꾸중을 들을 게 뻔하다.

'스스로의 삶을 선택하거나 혹은 거부하거나, 누리거나 혹은 찢어버리는 것은 인간들의 특권이다. 그들만의 사치스러운 게임에 참견 말아라!'라는 것이 롭 선배님의 철학이니까.

하지만 휴가를 떠났던 동료 천사마저 사랑에 미끄러져 땅 위에서 뒹굴다니!

스물세 살의 생텍쥐페리가 급기야는 타일 제조 공장에 취직했을 때 나는 털썩 엉덩방아를 찧고 말았다. 나뿐만 아니라 천사 팀 모두가 어이가 없어 입을 벌린 채 눈을 비비고 또 비볐다. "이것 봐! 자네 지금 뭐 하고 있는 거야?" 우리가 입을 모아 소리쳤지만 사랑에 눈이 먼 그는 들은 척도 하지 않았다.

"그녀는 내가 하늘을 나는 것을 원치 않아. 아침이면 걸어서 출근을 하고, 저녁이면 뚜벅뚜벅 걸어 돌아와 함께 밥을 먹는 남자를 원해."

맙소사. 비행사 유니폼에 딱 맞추어 재단된 구름 같은 어깨에 시퍼런 작업복을 걸치고 '걸어서' 출근하는 모습이라니!

🔵Rob 사랑의 열병이 길지 않았던 게 다행이라면 다행이었지요. 아니, 그는 본래부터 땅에 발을 붙이고는 살 수 없는 영혼이었으니까요. 한때 우리의 동료였던 생텍쥐페리는 결국 유유히 하늘을 산책하는 그의 자리로 돌아갑니다. 평범한 남자가 되어 한 여자의 사랑을 받으려 분투하던 3년 만의 일이었지요.

그때부터 그는 하늘 한 귀퉁이에서 길을 잃을 때까지 순수를 찾아 헤맸습니다. 바람과 별과 구름 사이에서 노래하고 글을 썼지요. "난 언제나 나를 순수하게 해주는 곳으로 가고 싶다"라는 그의 말은 그의 천사적 본성을 드러내는 한 단면이라고 볼 수 있어요.

참, 제가 말씀드리지 않았던가요?

아무리 뜨거운 사랑이라도 천성을 녹일 수는 없답니다.

주위에 생텍쥐페리처럼 땅에 뿌리 내리지 못하고 떠도는 친구가 있나요? 방랑벽이 심해서 손에서 여행가방이 떨어지질 않고, 순진하기 짝이 없어서 매번 속으면서도 사람을 잘 믿고, 금방 사랑에 빠져서 금방 상처받고, 그러면서도 어느 결엔가 천하태평으로 웃으면서 또 다른 사랑에 빠져 있는 그런 친구 말입니다. 그렇다면 그는 아마도 휴가 나온 우리 동료일 겁니다. 다음에 그 친구를 만나거든 부디 안부 전해주십시오.

행복의 냄새를 알아차리고
환희의 길에 계속
코를 박고 있어야 한다.

세인트 버피 마리

🔴 **Call** 롭 선배님은 가끔 날 걱정해준다. 일하기 힘들지 않느냐고. 요즘 사람들은 너무나 다양하고, 거창하고, 화려한 삶을 원한다고. 하지만 꼭 그렇지만은 않다. 아직도 사람들은 완두콩처럼 순수하다. 한평생 호숫가에서 송어를 낚는 삶을 택하기도 하고, 열아홉 살에 첫사랑을 만나 평생 그 사랑을 지켜가며 사는 것이 소원인 사람들도 많다. 버려진 개들을 돌보며 자신의 재산으로는 낡은 티셔츠 세 벌만을 갖길 원하는 이도 있다. 티베트의 작은 산골에서 태어나 평생 그 마을에서 한 발짝도 나가지 않고 양젖을 짜서 버터를 만드는 툽은 내가 본 사람 중 가장 자주 만족스런 미소를 짓는 남자이다. 그들은 반딧불이처럼 아담하게 반짝이는 행복을 맛보기로 계약서에 사인을 했고, 매순간 나의 모닝콜에 충실히 답하며 기쁘게 살아가고 있다. 접시에 담긴 물처럼 잔잔한 그들의 기쁨은 늘 날 감동시킨다.

오늘 나는 율과 얀, 반에게 전화를 해줘야 한다. 강 위쪽 마을에서 빵을 굽는 율과, 강 아래쪽 마을에서 꽃가게를 하는 얀은 오늘 만나기로 되어 있다.

🗨️ **Rob** 콜이 오늘은 한결 가볍고 행복한 얼굴이네요. 아, 율과 얀에게 전화를 걸고 있군요. 물론 그들을 기억해요. 아름다운 사람들이지요. 25년 전에 그 둘은 손을 꼭 맞잡고 제게 왔어요.

"롭, 우리는 함께 삶을 경험하기를 원해요. 함께 들길을 걷고, 함께 빵을 먹고, 함께 아기의 요람을 흔들고, 함께 늙어가고 싶어요. 그거면 충분하지요."

얀의 말이 끝나자 율이 속삭이듯 수줍게 덧붙였어요.

"부자가 아니었음 좋겠어요. 서로가 서로에게 가진 가장 소중한 것이 되길 바라거든요."

이런 이들을 위해 들꽃 같은 시나리오를 쓰는 날이면 이 늙은 천사도 마음이 따뜻하게 달아오른답니다. 많은 아름다운 부부들이 이런 식으로 행복하게 나누는 삶을 예약하고 내려가지요.

하지만 이런 사람들이 의외로 콜에게 까다로운 부탁을 하기도 해요.

"우리에겐 매일, 매시간 전화를 걸어주세요. 내 앞에 있는 이 사람이 얼마나 소중한 사람인지, 함께 있는 순간이 얼마나 커다란 기적인지 잊어버리고 싶지 않아요. 서로를 당연하게 여기고 감사의 마음이 식어버리지 않도록, 제발 우리 마음을 시시때때로 울려주세요!"

콜에게는 이런 애틋한 부부의 부탁이 영웅적인 삶을 선택하는 사람들의 부탁보다 훨씬 손이 많이 가고 부담이 될 수도 있겠네요. 하지만 콜은 그런 부탁을 받을 때마다 캔디를 입에 문 아이 같은 표정이 된답니다.

"걱정 말아요, 당신들은 내내 행복할 거예요! 아침 커피향 속에서, 건초더미 속에서, 버터를 바른 빵 속에서, 저녁 연기 속에서 내가 끊임없이 모닝콜을 울릴 테니까요. '따르르르릉! 이제 행복할 시간입니다!'라구요!"

비밀을 한 가지 말씀드릴까요? 그렇게 애틋한 두 영혼은 코디네이터 천사와 함께 자신의 모습을 고르는 순간에도 꼭 어딘가 서로 닮은 구석을 고르고 만다는 겁니다. 똑같은 티셔츠를 함께 입고 다니는 연인들처럼요."

저도 저이가 고른 귀여운 덧니를 주세요"라든가, "그녀의 시원시원한 목소리와 긴 손가락, 저도 선택하겠어요"라고 하는 것이지요. 사이 좋은 부부들 중에 서로 닮은 사람들이 많지요? 꼭 오누이처럼 닮아 있진 않나요? 사람들이 '부부는 살다 보면 닮는다'고 말한다는 건 압니다만, 실은 처음부터 커플룩처럼 닮은 꼴을 선택하는 거랍니다. 하하하, 모르고 계셨죠?

 율과 얀도 예외는 아니었어요. 강 위쪽 마을에서 가장 맛있는 크루아상을 굽는 율은 동그란 얼굴에 흰 피부, 동양인처럼 쌍꺼풀이 없이 선해 보이는 눈에 자그마한 몸집을 하고 있습니다. 그 강 아래쪽 마을에서 장미와 튤립, 히야신스를 파는 얀도 작고 하얀 사기인형 같은 여자이지요. 그 둘은 아직까지 한 번도 마주친 적이 없지만 오늘 강가에서 열리는 축제에서 우연히 마주치는 순간, 알게 되겠지요. "아, 이 사람!" 하구요.

 콜 녀석, 작은 장난기가 발동했는지 아예 그 둘을 쌍둥이처럼 꾸며서 묶으려 드는군요.

"율! 오늘 열릴 축제는 정말 근사할 거예요. 코니 아저씨의 마차를 빌려 타고 멋지게 등장해봐요. 이렇게 화창한 날에는 개나리색 셔츠에 흰색 반바지를 입는 게 어때요?"

"얀! 오늘이 당신이 기다리던 그 축제예요. 가장 예쁜 장미 화환을 머리에 얹고 가는 것, 잊지 않았겠죠? 그런데 오늘 뭘 입을 작정이에요? 얼마 전에 만든 개나리색 원피스, 당신에게 꼭 어울리던데!"

하하하…… 쓸데없는 간섭 말라고 혼을 낼 수도 있지만, 오늘은 그냥 내버려두렵니다. 명색이 천사인데, 가끔은 이렇게 기분 좋은 장난도 쳐봐야 하지 않겠습니까?

🌸 **유리창닦이 반은 내가 가장 좋아하는 가수이다.** 기다란 막대기 끝에 달린 스펀지와 비누 거품 가득한 양동이를 들고 마을의 모든 유리창들을 말갛게 닦고 말리는 것이 그의 일이다. 반은 행복한 유리창닦이가 되겠다는 사명서에 사인을 했고, 열여섯 살 때 나의 모닝콜을 받았고, 바로 지금 자신의 꿈을 살아내는 중이다. 당신 친구들 중에 혹시 유리창닦이가 있는지? 세상의 유리창닦이들은 내 친구들이다. 그들이 늘 들고 다니는 거품 가득한 양동이와 새하얀 솜뭉치들은 천사의 날개를 녹여 만든 것 같지 않나? 나는 처음에 커다란 유리빌딩에 매달려 두 팔을 날갯짓하듯 파닥이는 유리창닦이를 보고 홀딱 반했다. 그는 가볍고 맑게 빛나고 있었다. 반은 그 유리창닦이 중에서도 가장 아름다운 청년이다. 그리고 그 기막힌 콧노래!

나는 사람들에게 전화 거는 일에 피곤을 느낄 때면 언제나 반이 흥얼거리는 노랫소리를 듣는다. 생크림처럼 보드라운 거품을 유리창에 문지르며 그가 부르는 노래들은 내게 샘물이 된다. 왜 그가 가수가 되는 걸 선택하지 않았는지 나는 도통 이해할 수 없다. 그의 노래를 들으면 모두가 행복해질 텐데. 롭 선배님도 그를 세상에 내려보내기 전에 왜 한 번쯤 가수의 길을 권하지 않았을까?

🔵 **Rob** 콜 너식, 또 반의 노랫소리에 정신을 팔고 있군요. 저도 그의 노래를 정말 좋아합니다. 세상의 어느 누가 그보다 더 감미로운 목소리로 노래할 수 있을까요! 선선한 바람 같고, 근심 모르는 종달새 같은 노래……. 하지만 콜이 모르고 있는 사실이 하나 있습니다. 반의 그 노랫소리는 그가 지금 유리창을 닦고 있기 때문에 나올 수 있다는 것 말입니다. 그는 지금 행복하거든요. 원하던 삶을 사는 사람들은 누구도 흉내낼 수 없는 기쁨을 뿜어내지요. 그래서 그가 그냥 흥얼거리는 그 콧노래도 그토록 달콤하게 들리는 겁니다. 자기 일을 지긋지긋하게 여기는 사람이 일을 하면서 노래 부르는 것을 들어본 적 있나요?

물론 타고난 가수들도 일을 하면서 노래를 부르지요. 엘비스 프레슬리는 첫번째 모닝콜을 받던 순간에 낡은 트럭을 몰고 있었답니다. 라디오의 볼륨을 최대한으로 올리고 깨진 창문 사이로 붉은 먼지가 한가득 들어오는 비포장 도로 위를 달리고 있었지요. 추잉껌을 우악스럽게 씹으면서 그는 목청껏 노래를 불렀어요. 도로 위에는 오직 그의 트럭만이 달리고 있었고, 로큰롤의 리듬에 맞춰 트럭 전체가 덜컹덜컹 춤을 추고 있었지요. 가난한 트럭 운전사였던 엘비스는 그 순간만큼은 무엇도 부럽지 않은 듯, 한껏 가슴을 펴고 고래고래 세상을 향해 고함치듯 노래 부르고 있었어요. 바로 그런 순간입니다. 우리와 주파수가 가장 잘 맞는 때가. 자신이 좋아하는 일을 하고 기분이 좋을 때. 그것을 하고 있으면 세상을 다 가진 듯한 느낌이 드는 그 무엇을 하고 있을 때, 아니면 몰래 숨어서 살짝이라도 꿈을 맛보고 있을 때 말입니다.

따르르르릉!

"엘비스! 노래를 불러요! 하지만 이런 흙먼지 속을 계속 달리다가는 당신의 그 근사한 성대가 망가져버릴 거예요. 트럭은 던져버려요. 당신이 누구보다 멋진 노래를 할 수 있다는 것을 모두에게 보여주기로 한 그때가 왔어요!"

고막을 찢을 듯한 라디오 소리 속에서 그는 용케도 우리의 벨소리를 감별해내더군요. 그와 함께 트럭을 몰던 동료들 중에 몇몇도 비슷한 시기에 우리의 모닝콜을 받았습니다. 하지만 그 소리를 알아듣고 한 달에 800달러는 너끈히 벌 수 있는 트럭 운전대를 놓았던 사람은 노래를 부르던 그가 유일했습니다. 그리고 물론 그는 엘비스 프레슬리가 되었지요.

그 길은 확실히 있다.
다만 사람들이
그 길을 선택하지 않을 뿐이다.

다니엘 길버트

call 따르르르릉!

사람들에게 모닝콜을 하면서 나는 늘 가벼운 흥분을 느낀다. 마치 '복권에 당첨되셨습니다!'라고 전화하는 복권 회사의 직원 같은 기분이다. '이제부터 당신이 원하던 삶이 시작됩니다!' 하며 기쁘게 통보하는 내 일이 나는 참 좋다. '그냥 전화를 걸 뿐이잖아?'라고 한다면 어쩔 수 없지만 내가 '그때'가 왔다고 일깨워주지 않으면 거의 대부분의 사람들이 자신이 계획했던 근사한 스토리를 잊어버리고 살 게 뻔하니까. 내가 보기에도 세상 속의 삶은 태어나기 전 약속을 기억하기엔 너무 복잡하고 신경쓸 게 많다. 그리고 무엇보다 사람들은 서로를 너무 쉽게 멸시한다.

누구도 그 사람이 어떤 계획을 가지고 태어났는지, 무엇을 위한 준비 단계로 그런 어려움을 겪고 있는지를 알려고 들지 않는다. 그가 스스로 선택해서 경험하고 있는 시련도 존중하지 않는다. 모든 것은 기억력의 문제라는 것을 그들은 알까? 만약 기억할 수만 있다면 무명 시절 단역을 구걸하던 알 파치노를, 다락방에서 생쥐와 빵 부스러기를 나눠 먹던 월트 디즈니를, 오늘 공원에서 전단지를 돌리던 그 청년을 그토록 쌀쌀하게 외면하지는 않았을 텐데.

call 최악의 상황은 시련 속에 있는 본인조차 기억을 까맣게 잊고 스스로를 멸시하게 되는 것이다. 이렇게 되면 우리로선 일을 하기가 아주 힘들어진다. 스스로의 가치를 인정하지 않는 사람. 그런 사람에게는 아무리 심장이 부서질 정도로 전화를 걸어대도 소용이 없다. 자신의 시나리오를 이미 폐기처분해버렸기 때문이다.

반면, 아무리 고단한 시련 속에서도 용기를 잃지 않고 눈을 빛내며 기다리고 있는 사람들이 있다. 그런 사람들은 예외 없이 내가 첫번째 모닝콜을 하는 바로 그 순간 전화를 받는다. 그리고 주저하지 않고 약속했던 그 장소에 가고, 그 사람을 만나고, 그 일을 한다. 내가 17년 전에 전화를 걸었던 엠마가 그 대표적인 사람이다.

전화 교환원이었던 엠마는 자동차 회사의 엔지니어와 결혼한 뒤 점점 살이 찌고 있었다. 딸 하나, 아들 하나를 낳은 평범한 주부였고 애플파이를 기가 막히게 구울 줄 알았다. 그녀가 특별히 게으른 것은 아니었다. 활달하고 사람들과 어울리는 것을 좋아하는 성격이었는데 점점 불어만 가는 체중이 문제였다. 결혼하고 4년 뒤에는 옷가게에서 그녀에게 맞는 옷을 찾을 수 없게 되었다. 7년째 되던 해에는 급기야 체중이 100킬로그램을 육박하는 거구가 되고 말았다.

 나는 조금 놀랐다. 사람들의 사회에서 살찐 사람이 살기가 그렇게까지 힘든 일인 줄은 몰랐기 때문에. 그녀가 버스를 타면 그녀의 옆자리는 항상 비어 있었다. 사람들은 버스가 붐빌 때에도 그녀 옆에 앉길 꺼렸다. 친구들도 되도록 그녀와 멀찍이 떨어져 걷고 싶어했으니까.

 그러다 결국 그녀가 가장 두려워하던 일이 일어나고야 말았다. 남편이 무표정한 얼굴로 이혼 서류를 내밀었던 것이다. 가뜩이나 마음 약한 엠마는 그때부터 대인공포증을 앓았다. 창문마다 두꺼운 커튼을 내리고 하루 종일 TV 앞 소파에 앉아서 시끌시끌한 쇼 프로그램을 보았다. 무언가에 복수하려는 듯 우걱우걱 감자칩을 먹는 것도 잊지 않았다. 그녀가 소파와 감자칩에 파묻혀 있던 1990년 여름의 어느 날, 나는 그녀에게 전화를 걸어야 했다. 그녀와 약속한 그때가 된 것이다.

따르르르릉! 그녀는 멍하니 TV를 보고 있다가 문득 들려온 소리에 눈이 휘둥그래져서 주위를 둘러보았다.

"엠마, 엠마! 약속했던 그 삶을 시작할 때예요! 이제 그만 소파에서 일어나세요!"

그녀는 너무 놀라 자기도 모르게 들고 있던 감자칩 봉지를 팽개쳤다.

"당신은 사람들에게 건강한 생활의 메신저가 되겠다고 서약서에 사인을 했어요! 지금 TV에 나오고 있는 스포츠 강사를 보세요! 지금 120킬로그램의 당신이 바로 저렇게 되는 거예요. 엄청난 계획이지요! 사람들은 누구보다 당신의 말에 귀기울일 거에요."

그녀의 얼굴에 빛이 번져가기 시작했다. 성공이다. 나는 다시 한번 또박또박 준비한 말들을 흘려주었다.

"당신은 스스로에게 이런 푸대접을 받을 사람이 아니에요!"

엠마는 터질 듯한 심장 소리를 들으며 아래층에 있던 딸을 큰 소리로 불렀다.

"앨리스! 이리로 와서 날 좀 일으켜주렴!"

딸은 처음 들어보는 그녀의 활기찬 목소리에 놀라서 이 층으로 뛰어 올라왔다. 엠마는 지난 두 달간 그 소파에서 거의 움직인 적이 없었다.

"더 이상 이렇게 지낼 수는 없다. 집 밖으로 나가야겠어. 날 부축해주겠니?"

엠마는 딸의 도움을 받으며 코끼리처럼 거대해진 몸을 일으켜세웠다. 그리고 한 칸씩 힘겹게 계단을 내려와, 가까스로 좁은 현관문을 빠져나간 뒤, 집에서 가장 가까운 나무까지 걸어가는 데 성공했다. 사람들의 시선은 여전히 따가웠고 마음속을 짓누르는 열등감은 다시 집 안으로 숨어버리라고 속삭였지만 엠마는 그 일을 해냈다. 그 다음날은 두번째 나무까지, 그 다음

날은 가까운 공원까지…… 그녀는 가까스로 되찾은 기억을 다시는 놓치지 않겠다는 듯 필사적으로 약속을 지켜나갔다.

　결국 3년 뒤, 그녀는 천국에서 쓴 시나리오대로 53킬로그램의 감량에 성공했다. 그녀의 꾸준한 운동과 건강한 식사습관이 이루어낸 기적은 미국 전역을 들끓게 했고, 역시 예정대로 그녀는 유명인사가 되었다. 지금은 그녀의 이름을 딴 스포츠클럽과 비만 클리닉들이 전국에 퍼져 있고 각 지점마다 사람들로 가득하다. 그녀는 자신이 몸소 오래된 식습관을 고치고 뼈를 깎는 고통으로 비만에서 탈출함으로써 사람들에게 살아 있는 증거를 보여주는 사명을 선택했던 것이다. 그리고 무엇보다, 첫번째 콜을 받은 즉시 감자칩 봉지를 집어던졌다!

꽃이 활짝 피어, 갖고 있던 모양과 색깔을 모두 펼쳐 보이고 나서야 사람들은 감탄의 소리를 냅니다. "아, 정말 아름다운 꽃이로군!"

하지만 우리는 당신이 이름 없는 작은 씨앗일 때부터 알고 있었답니다. 그래서 흔들어 깨우고 응원하는 거지요. 아직 당신과 우리만이 알고 있는, 언젠가 세상을 깜짝 놀라게 할 그 꽃을 어서 피워내라고.

가능성으로, 출구로 제시되는 것을 향해
홀가분하게 일어서서 나가라,
모든 것은 놀랍도록 쉽다.

앙드레 브르통

call 당신의 삶이 시나리오대로 흘러가고 있는지 슬슬 불안해졌군요. 간단하고도 정확하게 확인할 수 있는 방법이 있습니다. '지금 사는 것이 쉬운가?'라고 스스로에게 물어보는 것이지요. 당신이 의도한 대로, 천국의 시나리오대로 살고 있다면 분명 삶이 놀랄 만큼 쉬울 겁니다. 앞에서 말씀드렸다시피 천국에서 파견한 지원 팀들이 당신을 위한 무대 장치를 차곡차곡 마련해놓고 있을 테니까요. 당신은 그 안에서 마음껏 원하던 삶을 경험하기만 하면 됩니다. 당신들은 이런 걸 '땅 짚고 헤엄치기'라고 하나요? 아무튼 그렇게 쉽습니다. 혹시 오해하실 수도 있겠네요. 그것은 '편하다'는 것과는 다른 의미입니다. 마음의 갈등 없이, 온 영혼을 다하여 기쁘게 삶을 경험하고 있다는 뜻이지요. 밤을 새워 연구에 몰두하고 있을 수도 있고, 낡은 티셔츠 차림으로 고아원 아이들의 코를 닦아주고 있을 수도 있고, 바윗덩이 같은 배낭을 메고 사막 횡단 여행을 하고 있을 수도 있습니다. 그런데 몸은 피곤하지만 전혀 고달프지가 않고, 남루하지만 스스로의 모습이 자랑스러워 견딜 수 없을 때 당신은 예정된 길을 가고 있는 것입니다.

 아주 드문 경우이긴 합니다만, 우리가 전화를 걸기로 한 그때가 되기도 전에 우리 편으로 전화를 걸어오는 이들도 있습니다. 그들은 삶을 대단히 사랑하고 아끼는 영혼들입니다. 행여 엉뚱한 곳에 이 소중한 기회를 탕진할까봐 시시때때로 우리에게 길을 묻는 거지요. 그들은 흔히 기도를 하거나 일기를 씁니다. 그냥 습관적으로 중얼중얼 기도문을 외우는 것이 아니라 '천국으로 빨려 들어가듯' 온 마음을 다하는 기도는 그가 어떤 신의 이름을 부르며 전화를 걸더라도 어김없이 이곳으로 착신되지요. 하루하루 마음을 깨끗이 씻어내고 하얀 종이 위에 삶의 지도를 새롭게 그려나가는 이들도 우리에게 매일 엽서를 써 보내는 것과 다름 없답니다.

 그런 이들이 삶에서 방향을 잃고 헤매는 일은 없습니다. 가장 정확한 나침반을 시시때때로 들여다보며 길을 가는 이들이니까요.

길을 걷다가, 혹은 운전을 하다가 빨간 신호등에 걸려 잠깐 멈춰서야 하는 순간이 있지요? 그건 그 몇십 초 동안 삶의 방향 체크를 하라는 우리의 사인입니다. 나침반을 들여다보라는 신호이지요. 짜증을 내는 대신 깊은 숨을 내쉰 뒤, 조용히 물어보세요. '내 가슴아, 삶이 좋으냐?'

🗨️call 나의 첫번째 콜에 즉시 대답하고 약속을 지키는 사람들은 대개 비슷한 특징이 있다. 바로 행복하게 빈둥거릴 줄 안다. 내가 전화를 거는 시간을 고를 때에도 그때가 가장 좋은 타이밍이다. 바쁜 일상 속에서 아주 잠깐이라도 마음을 선반 위에 올려놓고 쉬는 순간, 즐거웠던 휴가지에서의 파도 소리를 떠올리는 순간, 침대에서 일어나기 전 잠시 멍하게 지난 밤의 꿈을 기억하려 애쓰는 순간에 나는 재빨리 전화를 건다.

그런데 눈을 뜨고 깨어 있는 동안에는 단 한 순간도 그럴 틈을 주지 않는 부류들도 많다. 정말이다. 그들이 허둥지둥 어딘가로 달려갈 때나 미간에 주름을 잡은 채 햄버거를 우걱우걱 삼킬 때, 마음 가득 불안함을 느끼면서 TV를 보고 있는 동안에는 전화를 걸어도 소용이 없다. 그럴 땐 나는 별수 없이 그들이 잠든 시간을 이용한다. 미안한 일이지만 나도 내 일을 해야 하니 어쩔 수 없는 노릇 아닌가.

따르르르릉! 새벽 3시, 새벽 5시, 사람들은 벌떡 일어나 앉는다.

"더는 이렇게 살 수 없어!"

일본의 미야자키도, 발리 섬의 와얀도, 브뤼셀의 알폰소도 헉헉 가쁜 숨을 몰아쉬며 어느 새벽, 침대 시트를 박차고 일어나 이렇게 외쳤다.

오늘 밤에는 자카르타의 우체국 직원인 탐탐에게 전화를 걸어야 한다.

콜은 가끔 내게 하소연을 하지요.

카푸치노빛 머리카락 거품이 꺼지도록 한숨을 쉬면서요.

"선배님, 사람들은 왜 이렇게 바쁘지요? 틈을 주질 않아요. 전 그냥 전화 한 통을 걸고 싶을 뿐인데 말이에요. 도대체 어느 순간에 벨을 울려야 할지 모르겠어요……."

가엾은 콜. 얼마나 어려울지 이해합니다. 사람들이 전화기를 아예 들고 다니면서 살게 된 뒤로부터 특히 더요. 아니, 스테레오를 귀에 꽂고 다니기 시작하던 때부터요. 아니, 아니, TV를 손에 들고 다니던 그 순간부터요.

얼마 전에 앨마저— 아, 당신들의 땅에서 살고 있는 땅딸막한 딸기코의 그 휴가 천사 말입니다 — 전화를 걸어 푸념을 하더군요. 그가 푸념하는 건 처음 있는 일인데 말입니다.

"롭! 세상에…… 내가 믿을 수 없는 이야기를 하나 해줄까? 오늘 출세한 친구를 만나러 대도시에 나가지 않았겠나? 눈이 핑핑 도는 줄 알았지. 길들과 차들과 표지판들이 미쳐 날뛰는 통에 어디가 어딘지 알 수가 있어야지. 누군가에게 길을 좀 물어보려고 했는데 말이야……"

앨은 무언가에 홀린 듯 얼이 빠진 목소리로 말했지요.

"그 거리엔 아무도 없었어!"

어깨를 부딪힐 정도로 빼곡한 사람들이 횡단보도를 건너고, 빌딩으로 들어가고, 커피를 손에 들고 걷고 있었는데 말입니다.

"날 위해 비어 있는 귀가 단 하나도 없었어! 모두 누군가와 통화중이었지. 아니면 누군가와 통화하기 위해 필사적으로 버튼을 누르는 중이었어. 누군가와 통화중이지 않은 사람이 있어서 반가워 달려가보면 어김없이 귀에 이어폰이 꽂혀 있었다네……"

앨은 순간 자신이 투명인간이 된 것 같아 털썩 주저앉았다는군요. 물론 아무도 누군가가 길거리에 먼지처럼 허물어진 것을 눈치채지 못했구요. 그들은 통화중이었으니까요.

"센트럴 파크가 어느 쪽인가요?" 이 한 마디를 물어볼 사람을 결국 찾지 못했던 앨은 시골쥐처럼 허둥지둥 '햇빛 냄새가 나는 빨래가 널린' 바닷가 집으로 돌아왔다는군요. 그는 콜을 걱정하는 말로 끝을 맺었지요.

"콜은 어때? 요즘도 전화를 잘 걸고 있나? 아마 힘들 거야…… 다들 좀처럼 귀를 열어놓질 않아. 길 한번 물어볼 틈도 찾기 어려운데……."

모든 풀잎은 고개를 숙여 귀에 대고
'자라라, 자라라' 속삭이는
천사를 갖고 있다.

스텔라 테릴 만

🔴 Rob ▶ 이쯤해서 한 가지 부끄러운 고백을 해야겠군요. 요즘 우리 모닝콜 천사 팀의 실적이 신통치 않다는 겁니다. 다시 말해서 원래의 시나리오대로 살아가는 사람들이 점점 줄어들고 있어요. 삶이 단순하던 예전에는 모닝콜의 음성을 신비로운 계시, 혹은 운명이 부르는 소리라고 믿고 따라주었는데 말입니다. 사람들이 지나치게 똑똑해지는 것이 좋은 일만은 아니더군요. 우리가 거는 모닝콜에 관해서까지 이러쿵저러쿵 멋대로 해석하고, 분석하고, 처방하려들기 시작했거든요.

타즈도 그런 사람들 중 하나이지요. 그도 처음에는 어린이들을 위한 아름다운 동화를 쓰기로 약속하고 삶을 시작했어요. 그런데 결국 꿈을 주는 동화책 대신 『헛된 꿈들을 잠재우는 법』이라는 책을 써서 많은 돈을 벌었다는군요.

그가 스포츠센터의 트레드밀 위에서 뛰고 있을 때, 혹은 동화책이 놓인 서점 곁을 지날 때, 공원에서 동네 아이들과 놀아주고 있을 때 콜은 부지런히 모닝콜을 울렸지요. 따르르르릉!

"타즈! 당신의 가슴속에는 이야기가 있어요! 지금 그 이야기들을 꺼내서 아이들에게 선물할 때예요!"

그는 잠시 고개를 갸웃하고는 재빨리 그 소리를 잠재우기 위해 무언가를 했어요. 트레드밀의 속도 버튼을 눌러 좀더 빨리 뛰거나, 갖고 싶은 스포츠카의 가격을 떠올리거나, 컴퓨터로 게임을 하거나, 허둥지둥 마감 원고에 매달리거나……. 그는 타고난 글 쓰는 재능을 살려 잡지사에서 일하고 있었거든요. 하지만 모닝콜이 울릴 때마다 아무리 애를 써도 원래 계획된 삶에서 떨어져나온 듯한 느낌은 사라지지 않았지요.

"문득문득 들리는 이 소리는 뭐지? 이 소리가 들리는 날은 종일 일이 손에 잡히지 않고 마음이 붕 뜬단 말이야."

어느 날, 친구들과 술을 마시면서 타즈는 이런 속내를 털어놓았습니다.

"지난 가을부터 가끔씩 마음속에서 불쑥불쑥 어떤 생각이 솟아 올라올

때가 있어. 아주 어릴 때 소원 같기도 하고, 어젯밤 꾼 꿈 같기도 한데……
정확히 기억은 나지 않지만 그립고 소중한 어떤 비밀 같은 것 말이야. 그럴
때마다 이상하게 가슴이 뛰고, 내가 왠지 진짜 내 삶에서 멀리 떠나온 듯한
느낌이 들어."

그의 친구들은 당신의 친구들이 하는 일을 했지요. 다 알고 있다는 얼굴
로 고개를 끄덕이며 그의 잔에 술을 채우는 일 말입니다.

"네가 요즘 쓸쓸한 모양이구나. 빨리 결혼을 하는 게 어때?"

"너만 그런 게 아니야. 모두들 그런 목소리 하나쯤은 갖고 있지. '내가
이러려고 사는 게 아닌데……' 하는 생각. 맞지? 자자, 잊어버려. 그냥 뒤
늦은 사춘기 비슷한 거라고 생각하면 돼."

"맞아, 다들 그러고 살아. 3년 전인가? 나도 불쑥 '산악자전거로 세계 일
주를 해야겠어!'라는 생각이 들지 않겠어? 한동안 자전거포 앞을 지날 때
마다 심장이 쿵쿵쿵 뛰고 자전거 여행에 관련된 책들을 들여다보면 벅차

서 눈물이 났지. 누군가 마치 내 삶을 대신 살고 있는 듯한 느낌에 억울하기까지 하더라고. 하지만 그러다가 잦아들지. 그 고비만 잘 넘기면 돼. 만약 내가 그때 우리 가게 문을 닫고 정말로 자전거를 타고 떠났다면 지금 이 나이에 이만한 집을 살 수 있었겠어?"

"그런 때가 한 번씩은 다 오는 거야. 직장인의 위기라고 해야 하나? 아무튼 그럴 때일수록 이를 악물고 버텨내야 승진도 하고 회사에 오래 남아 있을 수 있는 거라고!"

타즈는 친구들의 이야기에 안심이 되었습니다.

'역시 나만 이런 게 아니었어.'

그리고 그날 밤은 몸을 가누지 못할 정도로 술을 마셨습니다 친구들의 말대로 이를 악물고 버티기 위해서요. 하지만 그날 밤 만취한 상태에서 술집 테이블 위에 놓인 냅킨에 타즈가 흘려적은 시 한 구절을 저는 기억하고 있답니다.

옛날 옛날에
깊고 깊은 세상 속 어딘가에서……
나는 무언가를 잃어버렸다.
무겁지도 않고, 빛나는 작은 것……
반짝이고 단단한, 보석 같은 것……

무언가 허전하다고 느꼈을 땐 이미,
내 삶의 호주머니가 텅 비어 있었다.
어디에서 잃어버렸을까?
그 아까운 것을, 그 소중한 것을……

그 시가 적힌 냅킨은 다음날 아침 구겨진 채 휴지통으로 들어가버렸고 타즈는 그 시를 썼는지조차 까맣게 잊은 채 잠이 들었답니다. 한 번, 두 번, 세 번…… 그는 어느덧 모닝콜 소리에 익숙해져버렸어요. 콜이 아무리 애타게 약속을 기억시키려고 해도 영리한 타즈는 이미 그 소리들을 조용히 잠재우는 기술들을 수백 개는 마련해놓고 있었기에 진심으로 그의 가슴을 뒤흔들지는 못했지요. 그는 결국 친구들의 권유로 그 기술들을 묶어 책으로 펴냈고, 그 책은 단숨에 베스트셀러에 올랐습니다. 『마음의 위기를 극복하고 성공하는 법』. 그 책 속에는 우리가 거는 모닝콜의 벨소리를 '무모한 충동', '과대 망상', '위험한 모험심', '한때의 방황'이라는 말로 부르고 있더군요. 그건 자신들이 선택한 삶의 시나리오들이 그토록 흥분되고, 모험으로 가득 차고, 화려하고, 거대한 무엇이었다는 사실을 까맣게 잊고 하는 소리이지요.

 가슴이 아프지만 저는 한 가지 사실을 깨달았답니다.

사람들은 '불행'보다 '변화'를 훨씬 더 두려워한다는 사실을요. 모닝콜은 거의 언제나 익숙한 것들에게 작별을 고하고 진짜 삶을 살라고 부추기거든요.

하지만 사람들은 그 책을 읽고 안심을 합니다. 친구들의 말에 안심하던 타즈처럼요.

그렇게 안심을 해버리고 나면 상황은 우리에게 아주 불리해지지요. 우리의 벨소리가 더 이상 '신비로운 계시'로서의 역할을 할 수 없으니까요.

혹시 당신도 타즈가 쓴 책을 읽으셨나요? 그래서 익숙해진 것들을 떠나지 않아도 된다는 사실에 안도하고 그냥 거기에 계신 건가요?

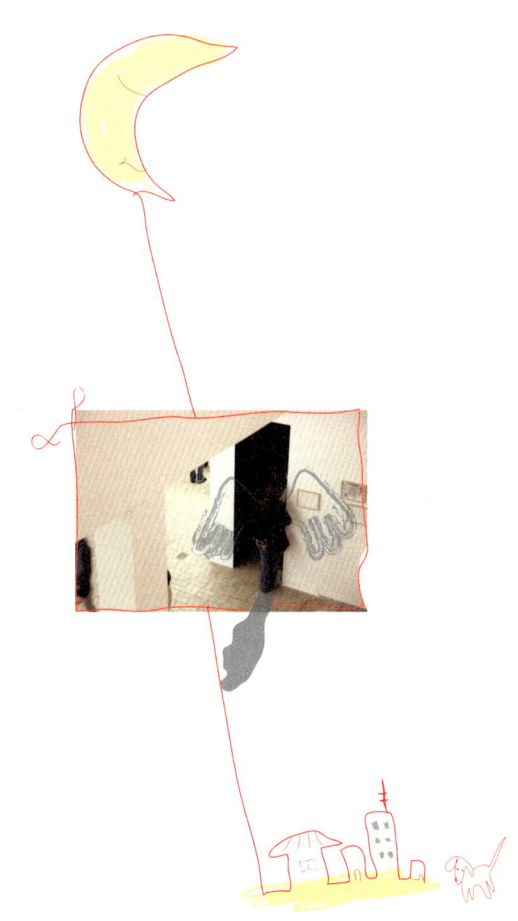

천국의 모닝콜 계약서

01 **모든 선택의 권한은** 삶을 기획한 삶의 주인공에게 있다. 천사 팀은 그가 세상 속에서 원하는 경험을 할 수 있도록 도울 뿐, 그 이상 주인공의 삶에 관여하는 것은 엄격하게 금지되어 있다.

02 모닝콜 담당자는 주인공이 요청한 **정확한 시간에 모닝콜을 해주어야 한다.** 주인공이 요청한 시간 이전에 전화를 거는 것은 계약 위반이며, 천사의 임의대로 그 날짜를 변경하는 것도 불가능하다.

03 모닝콜 담당자는 주인공이 **응답할 때까지 몇 번이고 전화를 해야 하는 의무가 있다.** 만일 삶의 주인공이 첫번째 콜에 응답하지 않을 경우, 담당 천사는 주인공이 듣건 듣지 않건, 이 계약서의 내용을 읽어주어야 하는 의무가 있으며, 그 이후로는 담당 천사의 판단으로 전화하는 시간과 상황 등을 결정할 수 있다.

04 주인공이 모닝콜에 **빨리 응답할수록** 상황은 유리하다. 모든 시나리오는 주인공이 첫번째 콜에 응답한다는 가정 하에 씌어지므로 시간이 지날수록 상황은 복잡하고 불리해진다.

05 천사 팀은 **최후의 순간까지 주인공을 위한 지원 프로그램을 마련해놓아야 하는 의무가 있다.** 주인공의 응답이 아무리 늦어진다 하더라도 그는 생의 마지막 순간까지 그의 사명을 완수할 권리가 있다. 그가 원할 때 천사 팀은 항상 그를 도와야 한다.

06 모닝콜을 받고, 그에 응답하는 것은 **주인공의 책임이다.** 만일 그가 의도적으로 모닝콜의 메시지를 무시하거나 뒤로 미룰 경우, 그에 따른 상황의 불리함에 대해 주인공은 천사 팀에게 이의를 제기할 수 없다.

07 첫번째 모닝콜을 받은 이후의 주인공의 삶에 대해서는 **천사 팀의 관리가 필요하다.** 만일 천사 팀의 관리 소홀로 주인공의 삶이 방향을 크게 빗나갔을 경우, 천사 팀은 책임을 지고 그의 삶을 제자리로 돌려놓아야 한다.

08 주인공은 원치 않을 경우, 모닝콜 코드를 **뽑아버릴 수도 있다.** 어떠한 이유에서건 주인공이 자의로 코드를 뽑게 되면 천사 팀은 더 이상 그의 삶에 관여할 수 없다. **대신, 그의 천국은 거기서 멈춘다.**

E P I L O G U E _ 삶의 프러포즈

 옛날 옛날, 증권회사에서 일하던 서른다섯 살 난 샐러리맨은, 어느 평범한 날의 아침에 나의 전화를 받았다. 여느 때와 마찬가지로 달걀 오믈렛과 잼을 바른 빵을 먹고, 커피를 마시고, 아내와 아이들의 뺨에 키스한 뒤, 증권거래소로 향하는 길에서였다.

 "따르르르릉!" 천국의 알람 소리가 울리자 그는 무언가에 감전된 듯 길 한복판에 우뚝 멈춰 섰다. 다음 순간, 몸을 휙 돌려 넥타이를 맨 채 타히티 섬으로 출근했다.

 그리고 고갱이 되었다.

 14세의 뚱뚱한 미혼모였던 오프라 윈프리에게 전화를 걸었을 때 그녀는

거의 화를 냈다. 기름투성이 비프 스튜와 거리의 히피 친구들과 젖먹이의 기저귀가 그녀가 가진 세상의 전부였다. "누가 날 또 귀찮게 하는 거야!" 나의 전화벨 소리에 그녀는 검은 주먹을 휘두르며 눈을 부릅떴다.

하지만 그녀는 다행히 그녀의 친구들과는 다른 천부적인 재능을 하나 갖고 있었다. 다른 사람의 말을 들을 줄 알았던 것이다. 그래서 나는 차근차근 그녀에게 그녀의 삶 앞에 무엇이 놓여 있는지 설명을 해줄 수 있었다. 화끈한 성격의 그녀는 이내 납득하고 고개를 끄덕인 뒤, 그때까지 움켜쥐고 있던 가난과 불운에 작별을 고했다. 그녀가 꿈을 이루어주는 〈오프라 윈프리 쇼〉 무대에 올라갈 때까지 우리의 통화는 계속되었다.

우리와 한 약속들은 '문득' 기억이 난다는 점이 특징이다. 위대한 일을

한 사람들 중 많은 수가 '갑자기' 삶의 궤도를 바꾼다. 그렇게 미련 없이 지금까지의 삶과 아무 상관 없는 듯 보이는 곳으로 뛰어드는 용기가 어떻게 생긴다고 생각하나? 그들에게 물어보면 입을 모아 말할 것이다. "어느 날 한 통의 전화를 받았지요!"

그 전화는 신의 목소리였다고, 가슴 뛰는 느낌이었다고, 먼 북소리였다고, 불현듯 머리를 스치는 깨달음이었다고, 우연히 집어든 전단지였다고 그들은 말할 것이다.

모든 삶은 공연이며, 세상에 대한 프러포즈다.

당신도 분명히 기억하고 있다. 나의 첫번째 모닝콜을 받았던 순간을. 무언가 짜릿한 느낌이 온몸에 퍼지면서 심장 박동이 빨라지고 계시처럼 자신의 앞날이 환히 보였던 순간을.

그 첫번째 콜을 놓쳤다 하더라도 낙심하지 말라. 나는 반드시 다시 당신에게 전화를 걸 것이다. 몇 번이고, 몇 번이고, 당신이 약속을 기억해내고 그 길을 갈 때까지! 사실 이 책을 읽고 있는 동안에도 나는 당신 가슴에게 몇 번인가 모닝콜을 했다. 그리고 분명히 당신은 그 소리를 들었다.

그런데……

아직 더 자고 싶은가? 지금은 그럴 때가 아니라고 생각되는가? 스스로 지어낸 환청일 뿐이라고 생각하는가?

좋다. 당신의 가슴이 뛰는 다음 순간을 기다려 또 전화를 걸 수밖에.
그때까지 좋은 꿈 꾸길!

세라의 말

"너는 여기 놀러 온 거야, 그러니까 그냥 놀듯이 살아!"

롭이 내게 가장 자주 해주었던 말이다. 그는 내 오랜 친구였다. 은발이 꿈처럼 아름답던 롭은 은퇴한 내과의사이자 점성술사였다. 그에게는 호주인과 터키인의 피가 반반씩 흐르고 있었고 그를 알고 있는 사람들은 천사가 은퇴를 하고 잠시 휴가차 지상으로 내려온다면 어떤 모습일지 궁금해하지 않아도 되었다. 그의 본명은 로빈슨이었지만 롭 쪽이 단단하고 현명해 보여 우리들은 그를 처음부터 끝까지 롭이라고 불렀다.

그때 나는 걱정의 돌덩이를 가득 매단 스물일곱 살이었고, 그는 깃털처럼 가벼운 예순일곱 살이었다. 그 가벼운 공기를 들이키고 싶어하는 이는 나뿐만이 아니어서 그의 주위에는 늘 삶이 버거운 젊은 친구들이 맴을 돌며 따랐다.

롭은 우리 삶의 필름을 처음부터 끝까지 전부 봐버린 듯했다. 그래서 좀 야속하기도 했다. 어리고 철없는 영혼들이 걱정의 안개를 뿜어내고 있을 때 그는 단 한 번도 함께 불안에 떨어준 적이 없었으니까. 다만 영화의 결말을 알고 있는 사람 특유의 느긋한 표정을 지을 뿐이었다.

"기다려. 곧 천국에서 전화가 올 거야!"

그놈의 전화! 롭이 입버릇처럼 그렇게 타이를 때마다 우리는 발을 동동 굴렀다. 끝끝내 천국에서 나를 위한 전화벨은 울리지 않았노라고 우기면서 나는 나의 이십대를 흘려보냈다. 그토록 걱정한 보람도 없이, 결국 모든 일들이 상처 없이 흘러 아름답게 꽃을 피웠는데도.

그리고 오랫동안 그를 만나지 못했다. 나는 그를 잊은 듯했다.

작년 12월, 롭이 세상을 떠났다는 것을 알았다. 76년간의 휴가를 끝내고 시나리오 천사 자리로 되돌아가던 날, 나는 눈물을 흘리는 대신 이야기를 쓰기로 했다.

이튿날 새벽, '모닝콜' 이야기가 나를 찾아왔고 나는 3일 만에 대화하듯, 받아쓰듯 그 이야기를 완성했다. 물론 그 속에 등장하는 롭은 내 친구 로빈슨이다. 그의 목소리와 말투를 빌려 써내려가는 내내 그를 실제로 다시 만난 것처럼 기쁘고 설레었다. 그래서 틈틈이 내 기억 속의 그에게 물어가면서 쓸 수 있었다. "롭! 만약에 말이에요, 누군가가 모닝콜 코드를 뽑아 버리면 어떻게 되나요?" 그러면 그의 정갈한 목소리가 대답한다. "그 사람의 천국은 거기서 멈추는 거지."

만약 지금 당신에게도 걱정해야만 할 무언가가 있다면, 그리고 천국의 벨소리 따위는 울린 적이 없다고 우기고 싶다면 로빈슨이 내게 해주었던 충고 한 토막을 선물로 나눠주고 싶다.
"어느 새벽, 우유가 쏟아지듯이 왈칵, 어떤 열망이 자네를 사로잡는 때가 올 거야. 그 '정신 나간' 열망에 맨몸으로 올라타야 해. 생각은 들고 타선 안 돼. 그건 자네에게 천국에서 흘려보낸 뗏목이기 때문이야."

2008년 늦가을 도쿄에서
곽세라